SANFT ENTSCHLACKEN MIT FRÜCHTEN UND GEMÜSE

RENATE BÖHLHOFF

SANFT ENTSCHLACKEN MIT FRÜCHTEN UND GEMÜSE

FEINE REZEPTE FÜR VITALITÄT UND WOHLBEFINDEN

Mit 1-Wochen-Kur und einzelnen Entschlackungstagen

MIDENA

Die Autorin:
Renate Böhlhoff ist Lebensmittelchemikerin und seit Jahren mit Erfolg als Wissenschaftsjournalistin und Sachbuchautorin tätig.

Die Deutsche Bibliothek – CIP-Einheitsaufnahme

Böhlhoff, Renate:
Sanft entschlacken mit Früchten und Gemüse : feine Rezepte für Vitalität und Wohlbefinden ; mit 1-Wochen-Kur und einzelnen Entschlackungstagen / Renate Böhlhoff. – Augsburg: Midena, 1998
ISBN 3-310-00481-3

Umschlagfotografie: Benelux Press/Bavaria
Umschlaggestaltung: Michael Ballermann, Augsburg
Konzeption und Produktion: Hampp Verlag, Stuttgart

Midena Verlag Augsburg 1998

Layout und Satz: Hampp Verlag, Stuttgart
Druck und Bindung: Offizin Andersen Nexö, Leipzig – ein Betrieb der INTERDRUCK Graphischer Großbetrieb GmbH

ISBN 3-310- 00481-3
Printed in Germany

Gedruckt auf umweltfreundlich elementar chlorfrei gebleichtem Papier

Inhalt

Rezepte

Abkürzungen

EL = Eßlöffel
TL = Teelöffel
kg = Kilogramm
g = Gramm
l = Liter
ml = Milliliter
Msp. = Messerspitze
Pck. = Päckchen
geh. = gehackt
gem. = gemahlen
ger. = gerieben
gestr. = gestrichen

NUR WENN DIE „KÖRPER-CHEMIE" STIMMT

WOHLBEFINDEN RUNDUM

Unser Organismus ist ein kleines Wunderwerk. Schon allein wegen seines komplizierten Aufbaus aus den verschiedensten Arten von Zellen, Geweben und Organen. Perfekt sind deren unterschiedliche Funktionen miteinander verknüpft. Dazu gehören neben Reizleitung der Nerven, Muskelbewegung, Atmung oder Herztätigkeit auch unzählige biochemische Reaktionen, die ständig im Körper ablaufen. Sie versorgen ihn mit Energie sowie lebensnotwendigen Nährstoffen und befreien ihn gleichzeitig von entstandenen Abbauprodukten. Diese Prozesse sind über das ausgeklügelte System des Stoffwechsels miteinander verbunden. So entsteht ein fein ausbalanciertes biologisches Gleichgewicht in unserem Innern, das den Organismus gesund und leistungsfähig erhält. Je reibungsloser dieses Zusammenspiel klappt, desto wohler fühlen wir uns. Wir sind den Anforderungen des Alltags besser gewachsen und widerstandsfähiger gegen Erkrankungen aller Art.

Balanceakt – Wenn der Stoffwechsel aus dem Ruder läuft

Geht es Ihnen auch manchmal so? Sie sind zwar nicht eigentlich krank, fühlen sich aber dennoch nicht so richtig gesund – ein Anzeichen dafür, daß die notwendige Balance im Organismus aus dem Lot geraten ist. Die einzelnen biochemischen Prozesse greifen nicht mehr genau ineinander. Oftmals ist dabei vor allem die Entsorgung des Körpers von Abbauprodukten gestört.

Schlacken und Giftstoffe sammeln sich im Körper an und beeinträchtigen das körperliche und sogar auch das seelische Wohlbefinden. Hinzu kommt in zunehmendem Maße die Belastung durch giftige und krankmachende Chemikalien in Nahrung und Umwelt: Autoabgase, Smog oder Schadstoffe in Lebensmitteln. Auch ihnen sind die Entgiftungs- und Ausscheidungsorgane dann nicht mehr gewachsen. Einseitige Ernährungsgewohnheiten und eine ungesunde Lebensweise – Rauchen, zu wenig körperliche Bewegung, Streß – verstärken das Problem noch zusätzlich. Statt dem Körper über eine ausgewogene Kost sämtliche Nährstoffe zu bieten, mit deren Hilfe er ein Ansammeln von Schadstoffen verhindern und die bereits vorhandenen wieder ausschwemmen kann, machen wir es ihm durch falsche Ernährung doppelt schwer, seine Aufgaben richtig zu erfüllen. Die Folge: In Zellen und Geweben häuft sich eine immer größere Schadfracht an. Das bedeutet vielfach freie Bahn für eine ganze Reihe chronischer Leiden wie Verstopfung, Allergien, Herz-Kreislauf-Erkrankungen oder sogar Krebs.

Gesunde Kost – Mit Lust und Spaß genießen

Der schädliche und gefährliche Ballast in Zellen und Geweben muß nicht sein. Es läßt sich einiges dagegen tun. Natürlich ist es kaum möglich, den Schadstoffen aus der Umwelt zu entgehen. Sie sind heute fast überall zu finden. Aber wir können unserem Körper helfen, besser damit fertig zu werden. Eine gesunde, ausgewogene Ernährung ist das beste Mittel, ihn von unerwünschten Schlacken, Giftstoffen und Umwelteinflüssen zu befreien und das Gleichgewicht des Stoffwechsels wieder herzustellen. Wer jetzt an Entbehrungen, an Verzicht auf wohlschmeckende Speisen oder gar Fasten denkt, der irrt. Lust und Spaß am Essen lassen sich ohne weiteres mit dem Ziel verbinden, den Organismus von lästigen Abfallstoffen zu reinigen. Sanftes Entschlacken ist hierfür die geeignete Methode. Das ist möglich, ohne zu hungern und ohne großen Aufwand, selbst im Büro und bei der Arbeit. Mit leckeren Rezepten, einfach nachzukochen, schmackhaft und dennoch mit der gewünschten Wirkung. Sie werden schnell feststellen, daß der Weg zu mehr Gesundheit leichter ist als gedacht. Mehr noch! Er macht Spaß, bringt Genuß und sicher schon bald den erhofften Erfolg.

Hören Sie auf Ihre innere Stimme

Nehmen Sie die Warnsignale – auch die kleinen – Ihres Körpers ernst. Mit mangelndem Wohlbefinden und einer schlechten gesundheitlichen Verfassung signalisiert er uns, daß etwas nicht stimmt. Mit einer bewußten, gesunden und ausgewogenen Ernährung helfen Sie ihm – und damit sich selbst.

ZUVIEL DES GUTEN UND DOCH NICHT GENUG

MANGEL IM ÜBERFLUSS

Durch ein übergroßes Angebot an Lebensmitteln, das schon lange nicht mehr auf saisonale Verfügbarkeit achtet, kann heutzutage jeder im Nahrungs-Überfluß schwelgen. Die Kehrseite der Medaille ist hingegen alarmierend: Der richtige Umgang mit diesem Überfluß fällt vielen schwer. Ernährungsbedingte Krankheiten haben Hochkonjunktur. Eine große Zahl wissenschaftlicher Studien hat sicher belegt, daß die bei uns üblichen, ungünstigen Ernährungsgewohnheiten als Hauptursache dafür anzusehen sind.

ERNÄHRUNGSABHÄNGIGE KRANKHEITEN

- Arteriosklerose
- Bluthochdruck
- Diabetes mellitus
- Fettsucht
- Gicht
- Krebs

Vom Leichtgewicht zum Pfundskerl – Übergewicht, der Anfang allen Übels

Sehr viele Menschen sind heute übergewichtig und dennoch fehlernährt – so paradox das klingen mag. Die Hauptrisiken für ernährungsabhängige Krankheiten gehen von der chronischen Überernährung aus, hierüber sind sich alle Experten einig. Hauptursache dafür sind in erster Linie zu hoher Fett-, Zucker- und Alkoholkonsum. Die Folgen solcher Unausgewogenheit: Das Körpergewicht steigt an und mit ihm meist auch die Fett-, Zucker-, Cholesterin- und Harnsäurekonzentration im Blut. Oft ist auch der Blutdruck erhöht. Zudem tragen wir eine erhöhte Menge an Schlackestoffen mit uns herum, die der Körper wegen falscher, einseitiger Ernährung und mangelnder Bewegung nicht mehr loswerden kann. Kein Wunder also, daß wir anfälliger als viele Normalgewichtige gegen eine ganze Reihe von Leiden sind. Auf das Gewicht zu achten, lohnt sich also schon und ist ein wichtiger Teil regelmäßiger Gesundheitsvorsorge. Allerdings sollte man sich hier nicht sklavisch an irgendwelche Formeln und Zahlen halten, deren Ergebnis meist für jeden lautet, man sei zu dick. Um aber dennoch eine Orientierungshilfe zu haben, hat sich als Maßstab in der Praxis der sogenannte Body-Mass-Index (BMI) sehr gut bewährt. Er läßt sich leicht ermitteln, indem man das Körpergewicht durch das Quadrat der Körpergröße in Metern teilt.

Rechenbeispiel BMI

Der BMI einer 62 kg schweren und 1,65 m großen Frau errechnet sich wie folgt:
Körpergewicht in kg geteilt durch das Quadrat der Körpergröße in m²:
BMI = kg: m² = 62: (1,65)² = 23

Normalgewicht: BMI = 20–24
Leichtes bis mittelschweres Übergewicht: BMI = 25–30
Fettsucht (Adipositas): BMI = über 30
In diesem Fall sollten Sie unbedingt einen Arzt aufsuchen.

Ich will (nicht mehr) so bleiben, wie ich bin

Die meisten Menschen gehen wohl davon aus, sich richtig zu ernähren. Sie können aus einem reichhaltigen Angebot der Supermarkttheken schöpfen – ob exotisch, deftig oder vegetarisch – der Markt hält für jeden Geschmack etwas Passendes bereit. Doch auch bei Lebensmitteln täuscht oft genug eine schöne Verpackung über die mangelnde Qualität des Inhalts hinweg. Wir bezahlen viel Geld für scheinbar gesundes Essen; doch anstatt mit der richtigen Mischung aus Vitaminen, Ballaststoffen und Mineralstoffen füllen wir unseren Magen mit Nahrungsmitteln, die oft nur zu einer vermehrten Ansammlung von Schlackestoffen im Körper führen. Aus diesem Grund stellen heute ernährungsbedingte Krankheiten noch immer die Ursache für mehr als die Hälfte aller Todesfälle bei uns dar. Ein Kreislauf, den es zu durchbrechen gilt. Wenn man sich erst einmal bewußt gemacht hat, was man seinem Körper mit falscher Ernährung alles antut, fällt die Entscheidung hin zu einer gesunden Kost mit Obst und Gemüse sicherlich nicht mehr schwer. Hierbei ist vor allem eine langfristige Ernährungsumstellung anzustreben, denn Ruck-Zuck-Diäten können nie einen anhaltenden Erfolg bieten. Und außerdem soll Essen auch weiterhin Spaß machen, das fängt bereits beim Einkauf und der Zubereitung an.

WAS SIND EIGENTLICH SCHLACKEN?

Dieser Begriff ist wissenschaftlich nicht genau definiert. Im technischen Sinn sind Schlacken Abfallprodukte beim Verbrennen von Kohlenstoff. Ähnliche Verbrennungen laufen auch im Rahmen des Stoffwechsels ab. Die kohlenstoffhaltigen Nährstoffe Fett, Kohlenhydrate – zum Teil auch Eiweiß – werden im Körper mit Hilfe von Sauerstoff „verbrannt". Im Idealfall zu Kohlendioxid und Wasser. Nicht immer verlaufen diese Prozesse ganz reibungslos, und es kommt vor, daß Zwischen- oder Endprodukte nicht ausgeschieden werden, sondern im Körper bleiben und sich dort anreichern. Für sie verwendet man den Begriff Schlacken.

Die Organe – „Entschlackungspolizei" unseres Körpers

Um das komplizierte und weit verzweigte Gebilde des menschlichen Körpers von sämtlichem anfallendem „Müll" zu befreien, bedarf es entsprechend ausgefeilter Systeme. Mit nur einer einzigen „Entsorgungsleitung" wäre es nicht getan. Daher sind gleich mehrere Organe an dieser so wichtigen Aufgabe des Entschlackens beteiligt: Die Leber ist so eine Art „Zentrallabor" des Organismus. Hier finden unzählige Stoffwechselreaktionen statt. Nährstoffe und körpereigene Substanzen werden ab-, um- und aufgebaut oder auch gespeichert. Darüber hinaus dient die Leber als

Entgiftungsorgan. Mit der Nahrung aufgenommene oder im Körper selbst entstandene Schadstoffe werden dort entweder an bestimmte Stoffwechselprodukte gebunden oder chemisch verändert. Anschließend liegen sie dann in einer Form vor, die ausgeschieden werden kann.

Mit vereinten Kräften gegen Schlacken

Der Darm bildet eine äußerst wirksame Schranke gegen Fremdstoffe, die über Nahrungsmittel und deren Abbauprodukte regelmäßig in den Körper gelangen. Etwa 300 Quadratmeter groß ist die den Darm auskleidende Schleimhaut und damit die weitaus größte Kontaktfläche zwischen dem Körperinneren und der Außenwelt. Wichtigste Voraussetzung, um ihre Abwehrfunktion optimal zu erfüllen, ist eine biologisch intakte Bakterienflora im Darm. Die gilt es zu erhalten und vor schädlichen Einflüssen zu schützen. Dazu gehören vor allem einseitige und ballaststoffarme Ernährung sowie Mißbrauch von Alkohol, Nikotin und Arzneimitteln.

Neben einer gesunden Ernährung können schon 20 Minuten Sport täglich helfen, den Abtransport von Schlacken wirksam zu unterstützen.

Unsere Nieren sind rund um die Uhr pausenlos im Einsatz und vollbringen dabei wahre Höchstleistungen. In jeder Minute durchfließt etwa ein Liter Blut beide Nieren. Das sind 1500 Liter pro Tag. Oder anders ausgedrückt: Das gesamte Blut wird täglich etwa 300mal gründlich gefiltert. Die Organe halten dabei eine ganze Reihe von Stoffen – z. B. Harnsäure, Salze, Gallenfarbstoffe oder auch Schwermetalle – zurück und scheiden sie später über den Harn aus.

Die Haut – unsere „dritte Niere“

Die Haut, unsere etwa zwei Quadratmeter große Außenhülle, ist mit Millionen Duft-, Schweiß- und Talgdrüsen durchsetzt, die permanent verschiedenste Abfallstoffe nach draußen schleusen: Kochsalz, Harnstoff, Ameisensäure, Essigsäure oder Milchsäure. Damit unterstützt die Haut in ganz erheblichem Umfang die Tätigkeit der Nieren. Sie wird daher auch als „dritte Niere“ bezeichnet. Auch die Lunge bzw. die Atmung erfüllt im Rahmen der Entsorgung eine wichtige Funktion.

Bei jedem Atemzug wird das Blut mit Sauerstoff beladen – dem Stoff, der für eine „schlackenfreie" Verbrennung unverzichtbar ist. Gleichzeitig werden Abfallstoffe, die im Wasserdampf der Atemluft gelöst sind, ausgeschieden.

Viele von uns leiden unter Bewegungsmangel – steigen Sie für Ihren nächsten Einkauf doch mal wieder auf's Fahrrad.

Hilfe zur Selbsthilfe für den Organismus

Grundsätzlich ist unser Körper also durchaus in der Lage, sich von Abbauprodukten und schädlichen Substanzen aus der Umwelt zu befreien. Schließlich verfügt er über verschiedenste Möglichkeiten zur Entgiftung und Selbstreinigung. Wenn wir ihn durch unvernünftige Lebensweise und einseitige Ernährung jedoch im Stich gelassen haben, dann sind diese Mechanismen der Selbsthilfe vielfach an die Grenzen ihrer Leistungsfähigkeit gelangt oder haben sie sogar überschritten. Schlacken und Giftstoffe haben sich im Körper angesammelt, belasten Zellen, Gewebe und Organe – ein ständiges und unberechenbares Risiko für unsere Gesundheit. In diesem Fall braucht der Körper Hilfe durch eine entsprechend gesunde Kost.

Den Stoffwechsel auf Trab bringen

Es leuchtet ein, daß Schlacken, die sich im Rahmen biochemischer Um- und Abbauprozesse angereichert haben, am besten dadurch zu mobilisieren sind, daß man den Stoffwechsel ankurbelt. So lassen sich am besten wieder „klare Verhältnisse" im Organismus schaffen. Mit den körpereigenen Abfallprodukten wird er dabei gleichzeitig auch eventuell vorhandene Giftstoffe los, die aus der Umwelt kommen. Dazu sind gar keine extremen Diäten oder gar Hungerkuren notwendig. Den gewünschten Effekt kann man genausogut über die Ernährung erreichen.
Voraussetzung ist natürlich, daß man beim Zusammenstellen des täglichen Speiseplanes die richtigen Lebensmittel auswählt. Bereits nach kurzer Zeit werden Sie sich viel wohler fühlen und zu Ihrer alten Vitalität zurückfinden.

Bei Nährstoffen ist Augenmass gefragt

Immer Ärger mit den Kalorien

Energie ist die Grundlage des Lebens schlechthin. Keinen Schritt könnten wir tun – ja nicht einmal denken – ohne eine ausreichende Energiezufuhr. Von sportlichen Aktivitäten ganz zu schweigen. Vielen von uns sind diese existentiellen Zusammenhänge gar nicht mehr so recht bewußt. Im Gegenteil. Wir empfinden die in den Lebensmitteln enthaltene Energie meist ganz und gar nicht als Segen, sondern als Ursache von Übergewicht und ungeliebten Speckpolstern auf Po und Hüften. Und dann beschert sie uns auch noch schädliche Schlacken in Geweben und Zellen. Der Mensch von heute hat in Sachen Energie das richtige Maß verloren. Er muß es dringend wieder lernen, denn nicht die Energie an sich ist schlecht für unsere Gesundheit, sondern nur der falsche Umgang mit ihr. Wir sollten nicht mehr davon verbrauchen, als der Körper benötigt. Energielieferanten sind die in Lebensmitteln enthaltenen Hauptnährstoffe Kohlenhydrate, Fett und Eiweiß. Als Kalorienträger meist viel zu wenig beachtet wird der Alkohol. Ein Gramm Alkohol liefert immerhin auch schon sieben Kilokalorien.

Stimmt Ihre Energiebilanz?

Ob die Aufnahme an Energie auch dem tatsächlichen Bedarf entspricht, verrät ganz einfach der tägliche Gang auf die Waage. Solange das Körpergewicht konstant bleibt, ist die Energiebilanz ausgeglichen.

Vitamine, Mineralstoffe und Ballaststoffe – Unsichtbar liefern sie uns sichtbares Wohlbefinden

Vitamine, Mineralstoffe und Spurenelemente sind für den Menschen essentielle Nährstoffe. Das bedeutet, der Körper kann diese Substanzen nicht im Rahmen des Stoffwechsels selbst produzieren, sondern ist auf eine regelmäßige Zufuhr über die Nahrung angewiesen. Bei ihnen ist keine strenge Beschränkung erforderlich. Sie enthalten nämlich nicht eine einzige Kalorie.

Vitamine

Sie sind die Top-Manager des Stoffwechsels und wachen darüber, daß im Zusammenspiel der komplizierten biochemischen Abläufe alles reibungslos klappt. Verglichen mit dem Bedarf an Hauptnährstoffen sind die täglich benötigten Mengen sehr gering. Bei ihnen zählt eben die Qualität. Einige unter ihnen bieten dem Körper eine ganz besondere Art von Schutz. Sie wirken als Antioxidantien und machen Jagd auf die sogenannten Freien Radikalen. Das sind chemisch außerordentlich aggressive Substanzen, die entweder im Körper selbst entstehen oder durch Einflüsse wie Rauchen, extreme UV-Bestrahlung und Belastung mit Umwelt-Schadstoffen von außen in den Körper eindringen. Einmal in die Gewebe gelangt, können sie dort zum Teil irreparable Schäden anrichten und sind auf diese Weise am Entstehen verschiedener chronischer Erkrankungen wie Arteriosklerose oder auch Krebs beteiligt. Die Antioxidantien bilden eine schlagkräftige Truppe gegen die gefährlichen Bio-Rabauken. Zu ihnen gehören Vitamin C und E sowie Beta-Carotin. Stehen jederzeit Antioxidantien in ausreichender Menge zur Verfügung, so haben die Freien Radikalen wenig Chance, dem Organismus zu schaden. Ein Mangel jedoch schwächt die körpereigene Abwehr, und ernährungsabhängige Krankheiten haben leichtes Spiel.

Mineralstoffe

Mineralstoffe sind für einen reibungslosen Ablauf der Lebensvorgänge im Organismus ebenfalls unerläßlich. Auch wenn sie sich in ihren konkreten Funktionen voneinander unterscheiden, kann man sie dennoch allgemeinen Aufgaben zuordnen. Mineralstoffe, die in größeren Mengen im Körper vorliegen, bezeichnet man als Mengenelemente. Sind die Konzentrationen nur sehr gering, werden sie als Spurenelemente bezeichnet. Sie regeln den Wasserhaushalt, sind an Entgiftungsprozessen beteiligt und beeinflussen zudem die Nervenaktivität.

Ballaststoffe

Ballaststoffe stellen keineswegs „Ballast" für unseren Körper dar, sondern sind für eine gesunde Ernährung und eine reibungslose Verdauung unerläßlich. Diese groben, zum Großteil unverdaulichen Faserstoffe kommen in allen pflanzlichen Lebensmitteln vor. Im Magen und Darm binden sie Stoffwechsel- und Schlackeprodukte an sich, wodurch diese ausgeschieden werden und im Körper keinen weiteren Schaden anrichten können.

SO HELFEN BALLASTSTOFFE BEIM ENTSCHLACKEN	DAS IST DIE QUITTUNG FÜR BALLASTSTOFFARME KOST
• Längeres Kauen der Nahrung regt die Produktion von Verdauungssäften an. • Der Speisebrei bleibt länger im Magen. Die Sättigung hält länger an. • Sie fördern die Bildung alkalischen Speichels. Saure Inhaltsstoffe von Lebensmitteln werden im Mund neutralisiert. • Sie binden Gallensäuren, senken Cholesterinspiegel und Blutfettwerte. • Sie sorgen für eine langsame und gleichmäßige Aufnahme von Zuckern im Darm. • Sie regen die Darmtätigkeit stark an. Damit verkürzt sich die Verweildauer von Speisebrei und auszuscheidenden Stoffen. Der Körper wird besser entgiftet. • Sie trainieren sämtliche Verdauungsorgane, machen sie widerstandsfähig und leistungsstark.	• Die Speisen sind weniger gut verdaulich. Die Nährstoffe werden schlechter ausgenutzt. • Weil der Hunger schneller wiederkommt, ißt man häufiger – und mehr, als man sollte. • Karies hat größere Chancen, weil Säuren, die den Zahnschmelz angreifen, auf diese Weise länger wirken können. • Es kommt zu Verstopfung, Hämorrhoiden und Krampfadern. Das Risiko für Arteriosklerose und Dickdarmkrebs ist erhöht. • Der Blutzuckerspiegel schwankt stark und belastet damit den gesamten Organismus. • Giftige Inhaltsstoffe des Speisebreis und Abbauprodukte des Stoffwechsels können länger auf die Schleimhäute einwirken und den Körper schädigen. • Die Verdauungsorgane sind anfälliger. Die Verschlackung des Organismus nimmt zu.

Vitamine (für Erwachsene, M=Männer, F=Frauen)

Name	Tagesdosis	Funktion
Vitamin A ***(Retinol)***	M: 1,0 mg F: 0,8 mg	Sehvermögen, sichert Struktur und Funktion von Schleimhäuten und Knorpelgewebe, Erhalt der körpereigenen Immunabwehr
Vitamin B_1 ***(Thiamin)***	M: 1,3 mg F: 1,1 mg	Beteiligt am Kohlenhydratstoffwechsel, Stärkung der Funktion des Nervensystems
Vitamin B_2 ***(Riboflavin)***	M: 1,7 mg F: 1,5 mg	Beteiligt am Kohlenhydrat-, Eiweiß- und Fettstoffwechsel
Vitamin B_6	M: 1,8 mg F: 1,6 mg	Beteiligt am Eiweißstoffwechsel, Beeinflussung der Funktion des Nervensystems
Vitamin B_{12} ***(Cobalamin)***	M: 3 µg F: 3 µg	Beteiligt am Eiweiß- und Fettstoffwechsel
Vitamin C ***(Ascorbinsäure)***	M: 75 mg F: 75 mg	Beteiligt an biochemischen Reaktionen: Aufbau von Bindegewebe, Haut, Knorpel, Knochen, Zähne; wichtig für Immunsystem, Entgiftungsarbeit, Eisenverwertung
Vitamin D ***(Calciferol)***	M: 5 µg F: 5 µg	Calcium- und Phosphatstoffwechsel, Knochenbildung. Vitamin D wird bei ausreichendem Sonnenlicht in der Haut gebildet
Vitamin E ***(Tocopherol)***	M: 12 mg F: 12 mg	Schutz vor Freien Radikalen, biochemische Prozesse der Energiegewinnung
Folsäure	M: 300 µg F: 300 µg	Beteiligt an Prozessen der Zellteilung und Zellerneuerung

Mangel	Vorkommen
Nachtblindheit, Schäden an Schleimhäuten, z. B. der Atemwege, Anfälligkeit gegen Infektionen	Spinat, Karotten, Grünkohl, Leber, Butter
Gewichtsverlust, Herzbeschwerden, Wadenkrämpfe, Konzentrationsschwäche	Vollkornprodukte, Leinsamen, Linsen, Haferflocken, Fenchel, Zucchini, Schweinefleisch
Wachstumsstörungen, Entzündungen der Haut, Mundwinkel-Einrisse	Vollkornprodukte, Leber, Mandeln, Magerquark, Seelachs, Champignons
Appetitverlust, Wachstumsstörungen, Störungen des Nervensystems	Grüne Bohnen, Mais, Linsen, Kichererbsen, Feldsalat, Bananen, Kartoffeln
Verringerung der Anzahl roter Blutkörperchen, Schäden am Nervensystem	Milch, Käse, Eier, Muskelfleisch
Schleimhautblutungen, Schwellungen am Zahnfleisch, flächige Blutungen unter der Haut	Obst, grüne Gemüse, Tomaten, Kartoffeln, schwarze Johannisbeeren, Kiwis, Orangen, Brokkoli, Grünkohl, rote Paprika, Rosenkohl
Verringerte Muskelkraft, bei Kindern Rachitis.	Eigelb, Hering, Makrele
Funktionsstörungen der Muskulatur und des Nervensystems.	Leinsamen, Weizenkeime, Avocados, grüne Erbsen, Fenchel, Paprika, Spargel, Spinat, Wirsing
Anämie, Mißbildungen beim Ungeborenen	Tomaten, Kohlarten, Spinat, Gurken, Kartoffeln, Vollkornprodukte, Sojabohnen

Enzyme

Auch ohne die Enzyme wäre ein geregelter Abtransport von Schlackenstoffen aus dem Körper nicht möglich, sorgen sie doch dafür, daß bestimmte Stoffwechsel-Vorgänge überhaupt erst in Gang kommen. Zu ihrer Bildung benötigt der Körper Eiweiß (Protein), das aus Aminosäuren aufgebaut wird. Einige dieser Aminosäuren

Mineralstoffe (für Erwachsene, M=Männer, F=Frauen)

Name	Tagesdosis	Funktion
Natrium	M: 550 mg F: 550 mg	Regelt den Säure-Basenhaushalt, Einfluß auf die Zusammensetzung der Verdauungssäfte und Ausscheidung von Abfallprodukten
Chlorid	M: 830 mg F: 830 mg	Regelt den Säure-Basenhaushalt, Entgiftung
Kalium	M: 2 g F: 2 g	Regelt die Verteilung von Wasser im Körper, Wachstum der Zellen
Calcium	M: 900 mg F: 900 mg	Baustoff für Knochen und Zähne, Reizleitung der Nerven, Blutgerinnung
Phosphor	M: 1400 mg F: 1400 mg	Baustoff für Knochen und Zähne, Energieüberträger
Magnesium	M: 350 mg F: 300 mg	Zentrale Funktion im Energiestoffwechsel, Einfluß auf die Erregbarkeit der Muskeln
Eisen	M: 10 mg F: 15 mg	Bildung roter Blutkörperchen, Immunsystem
Selen	M: 20–100 µg F: 20–100 µg	Schutz vor Freien Radikalen, Entgiftung von Schwermetallen

kann er selbst herstellen, für andere wiederum ist er jedoch auf die Zufuhr von außen angewiesen. Durch den regelmäßigen Verzehr von frischem Obst und Gemüse und vor allem Getreide, Hülsenfrüchten, Milch- und Vollkornprodukten sowie Kartoffeln ist dieser Bedarf jedoch ausreichend gedeckt.

Mangel	Vorkommen
Niedriger Blutdruck, gestörte Entgiftung	Streusalz, Mineralwasser, Würzsoßen (tatsächliche Zufuhr doppelt so hoch wie empfohlen)
Krämpfe, gestörte Entgiftung	In fast allen Lebensmitteln
Schwächung der Muskulatur, Erschlaffung der glatten Muskulatur bis hin zur Darmlähmung und Störung der Herzfunktion	Erdbeeren, Äpfel, Bananen, Tomatensaft, Möhren
Knochenbrüchigkeit, Störungen des Nervensystems, verzögerte Blutgerinnung	Vollkornprodukte, Milch, Milchprodukte
Nicht bekannt	In fast allen Lebensmitteln
Wadenkrämpfe, Kribbeln und Zittern in den Extremitäten	Grüne Äpfel, grüner Salat, Haferflocken, Müsli, Nüsse
Müdigkeit, höhere Anfälligkeiten gegen Infekte, Frösteln, Anämie	Erbsen, Wirsing, Bohnen, Salat, Trauben, Fleisch, Innereien
Gewichtsverlust, Stoffwechselstörungen	In fast allen Obst- und Gemüsesorten

DIE FRAGE NACH DEM WAS UND WIEVIEL

GESUNDE ERNÄHRUNG BEGINNT BEI DER RICHTIGEN AUSWAHL

Noch nie, so scheint es, war es so einfach, sich gesund zu ernähren. Der gesundheitsbewußte Verbraucher steht vor der angebotenen Vielfalt und hat die Qual der Wahl: Wieviel und wovon sollte er, wieviel und wovon darf er essen?

Sie haben die Wahl

Für die Zusammenstellung seines Speiseplans ist jeder selbst verantwortlich - es liegt also an Ihnen, wieviel „Gesundheit" Sie Ihrem Körper täglich gönnen. Mehr Obst und Gemüse, weniger Fett und Fleisch, Alkohol und Nikotin einschränken, mehr Sport - das reicht schon, um sich viel gesünder zu fühlen.

Nährstoffdichte – Gradmesser für Qualität

Maßgebend für den gesundheitlichen Wert eines Lebensmittels ist nicht nur der absolute Gehalt an Nährstoffen, sondern auch, in welcher Menge an Energie sie „verpackt" sind. Hierfür hat man den Begriff „Nährstoffdichte" geprägt. Sie gibt das Verhältnis der enthaltenen Menge an essentiellen Nährstoffen zum Brennwert an. Lebensmittel mit hoher Nährstoffdichte sind reich an solchen Nährstoffen, enthalten aber nur wenig Energie. Das trifft durchweg auf Gemüse, Obst und auch Vollkornprodukte zu. Ein Hinweis, um die Orientierung zu erleichtern: Je fetter und süßer ein Lebensmittel, desto geringer ist seine Nährstoffdichte.

Die DGE rät

Um den täglichen Speiseplan vollwertig und abwechslungsreich zu gestalten, bieten die Ernährungsempfehlungen der Deutschen Gesellschaft für Ernährung (DGE) eine gute Orientierung. Sie teilt die Haupt-Lebensmittel in 7 Gruppen ein und gibt an, wieviel man von jeder Gruppe täglich zu sich nehmen sollte.

Gruppe 1: Brot, Nudeln, Reis, Kartoffeln, Getreideprodukte
Nährstoffe: komplexe Kohlenhydrate, Ballaststoffe, pflanzliches Eiweiß, Vitamine der B-Gruppe, Mineralstoffe
Empfehlung: täglich: 5–7 Scheiben Brot (250-300 g), zusätzlich: 1 Port. Reis oder Nudeln (roh 75-90 g) oder 4–5 mittelgroße Kartoffeln. Generell sollten Vollkornprodukte bevorzugt werden

Gruppe 2: Gemüse, Hülsenfrüchte
Nährstoffe: Kohlenhydrate, Ballaststoffe, Vitamine, Mineralstoffe
Empfehlung: täglich: mind. 1 Port. Gemüse (200 g), 1 Port. Salat (75 g)

Gruppe 3: Obst
Nährstoffe: Kohlenhydrate, Ballaststoffe, Vitamine, Mineralstoffe
Empfehlung: täglich: mindestens 2 Port. (250 g) nach Wahl

Gruppe 4: Getränke
Nährstoffe: Wasser, Mineralstoffe
Empfehlung: täglich: mind. 1,5 Liter Flüssigkeit in Form von Wasser, Mineralwasser, ungesüßte Kräuter- und Früchtetees, verdünnte Obst- und Gemüsesäfte; Tee und Kaffee in geringen Mengen

Gruppe 5: Milch und Milchprodukte
Nährstoffe: Eiweiß, Calcium, Vitamin A, Vitamine der B-Gruppe
Empfehlung: täglich: 0,25 Liter fettarme Milch, 8 Scheiben fettarmer Käse

Gruppe 6: Fisch, Fleisch, Wurst, Eier
Nährstoffe: Eiweiß, Fett, Magnesium, Jod, Eisen, Zink
Empfehlung: wöchentlich: 1–2 Portionen Seefisch (330 g), höchstens 3 Portionen Fleisch und Wurst (max. 450 g), 3 Eier

Gruppe 7: Fette (Butter, Pflanzenmargarine, Pflanzenöle)
Nährstoffe: Essentielle Fettsäuren, fettlösliche Vitamine
Empfehlung: höchstens 40 g Streich- oder Kochfett pro Tag

ENTSCHLACKUNGSHELFER FÜR DEN KÖRPER

OBST UND GEMÜSE

Kann der Mensch auch fleischlos glücklich und vor allem gesund sein? Ist, wer Braten, Schinken, Wurst & Co. konsequent aus seinem Speiseplan verbannt, vielleicht sogar gesünder? Verschiedene wissenschaftliche Studien sind mittlerweile der Frage nachgegangen, wie sich eine pflanzenbetonte Kost auf den Ernährungsstatus auswirkt. Das Ergebnis ist eindeutig: Vegetarier sind durchschnittlich gesünder als Menschen, die sich üppige Fleischportionen munden lassen. Risikofaktoren für ernährungsabhängige Krankheiten wie Übergewicht, Bluthochdruck oder hohe Cholesterinwerte kommen bei ihnen im Vergleich zur übrigen Bevölkerung deutlich seltener vor.

SCHLACKEN WEGSCHWEMMEN

Durch ihren hohen Wassergehalt sind diese Obst- und Gemüsesorten besonders geeignet, den Körper beim Entschlacken zu unterstützen: Ananas, Äpfel, Beerenobst, Melonen, Orangen, Weintrauben, Feldsalat, Gurken, Kürbis, Spargel, Tomaten, Zucchini

Gesunde Vielfalt der Natur

Gehen Sie nur einmal über den Wochenmarkt: Bei Obst und Gemüse lockt eine riesengroße Auswahl, und das Schönste daran: Die ganze Pracht ist nicht nur herrlich anzusehen, sondern auch noch ausgesprochen gesund. Nahrungspflanzen sind nämlich geradezu eine Fundgrube für Substanzen, die den Stoffwechsel ankurbeln und damit helfen, Schlacken

und Schadstoffe abzubauen und auszuscheiden. So enthalten sie große Mengen an Mineralstoffen, Spurenelementen, Vitaminen und Ballaststoffen. Mehr noch! Obst und Gemüse sind reich an sogenannten sekundären Pflanzenstoffen, kurz SPS genannt. Diese Substanzen sind zwar keine lebensnotwendigen Nährstoffe, greifen aber dennoch in die physiologischen Vorgänge ein. Sie entfalten dabei eine pharmakologische Wirkung und helfen dem Körper auf vielfache Weise, sich gegen schädliche Stoffe zu schützen. Auf dem Gebiet der SPS steckt die Wissenschaft noch in den Kinderschuhen – doch immer mehr Forschungsergebnisse beweisen, daß in den Früchten der Natur eine noch ungeahnte Vielfalt von Stoffen steckt, die positiv in unsere Gesundheit eingreifen. Über die erforderlichen Mengen gibt es noch keine eindeutigen Aussagen. Wenn Sie jedoch regelmäßig frische Obst- und Gemüseprodukte essen, führen Sie Ihrem Körper genug dieser unsichtbaren, aber vitalisierenden Stoffe zu.

SEKUNDÄRE PFLANZENSTOFFE (SPS) - DIE UNSICHTBAREN HELFER

Name	Vorkommen
Carotinoide	Spinat, Grünkohl, Möhren, Aprikosen, Brokkoli
Plytosteine	Sesam- und Sonnenblumenkerne, Nüsse, naturbelassene Pflanzenöle
Saponine	Hülsenfrüchte wie Linsen, Erbsen, Bohnen, Soja
Glucosinlate	Senf, Meerrettich, Kohl
Polyphenole	grüne Blätter von Gemüse wie Freiland-Salate
Phytoöstrogen	Getreide, Leinsamen, Sojabohnen
Sulfide	Knoblauch
Wirkung	Neben dem Schutz vor Freien Radikalen, die auch an der Schlackenbildung beteiligt sind, helfen SPS, den Körper zu entgiften. Zudem senken sie den Cholesterinspiegel und Blutfettwerte und haben krebshemmende Wirkung.

PFLANZENKOST VERHINDERT, DASS DER KÖRPER „SAUER" WIRD

Alle Lebensvorgänge laufen nur dann störungsfrei ab, wenn im Inneren das richtige Milieu aufrecht erhalten wird. Eines der Systeme, das die Grundvoraussetzung dafür schafft, ist der Säure-Basen-Haushalt. Er sorgt dafür, daß das Verhältnis von Säuren und Basen in den Körperflüssigkeiten innerhalb enger Grenzen gehalten wird.

Wie man Säuren und Basen mißt

Als Maßzahl für den sauren oder basischen Charakter einer Lösung dient der sogenannte pH-Wert. Er kann Werte zwischen 0 und 14 annehmen. Ein pH-Wert von 7 steht für eine neutrale Lösung. Niedrigere Werte bedeuten ein zunehmend saures und höhere ein zunehmend basisches Milieu.

Welcher pH-Wert herrscht im Körper?

Er ist nicht überall genau gleich. Das Blut hat normalerweise einen pH-Wert von 7,4. Es ist also leicht basisch. Im Bindegewebe liegt der Wert auch im Basischen, aber mit 7,1 etwas niedriger. Säureüberschüsse in den Zellen werden in die Lymphbahnen abgegeben, gehen weiter ins Blut und werden von dort aus entsorgt. Auch die Ernährung hat entscheidenden Einfluß auf das Säuren-Basen-Gleichgewicht.

Herkunft von Säuren und Basen im Stoffwechsel

Beim Abbau von Nährstoffen im Organismus entstehen, je nach Art der Kost, neutrale, basische oder saure Endprodukte, die den Säure-Basen-Haushalt beeinflussen. Überwiegen säurebildende Lebensmittel, sinkt der pH-Wert ab, und es kommt zu Störungen im Stoffwechsel. Die Säuren werden in den Geweben abgelagert. Der Körper ist dann übersäuert und verschlackt. Säurebildend sind vor allem eiweißreiche und von diesen wiederum besonders tierische Lebensmittel. Die gegenteilige Wirkung hat ein Großteil der pflanzlichen Nahrung, vor allem Blattsalate, Gemüse und Obst. Unserer Gesundheit zuliebe sollten wir basenbildende Lebensmittel bevorzugen. Mit einer solchen „Basenkost" wird der Organismus vor einem permanenten Säurestreß geschützt. So werden Organe wie Leber und Nieren, die sonst auf Hochtouren arbeiten müßten, um überschüssige Säuren auszuscheiden, deutlich entlastet.

Lebenselixier Apfelessig – regelmäßig eingenommen hat er heilende und vitalisierende Wirkung.

Sauer macht nicht nur lustig – sondern auch gesund

Versuchen Sie doch mal den sehr effektiven Gesundtrunk aus der Natur - Apfelessig. Mischen Sie dazu 1–2 EL Apfelessig in einem Glas lauwarmen Wasser mit 1–2 TL Honig. Mit seinen über 90 Inhaltsstoffen hilft dieser ganz besondere Fitmacher dem Körper beim Entschlacken. Am besten trinken Sie ihn vor dem Frühstück.

EINTEILUNG DER LEBENSMITTEL IN SÄURE- UND BASENBILDNER

stark säurebildend	schwach säurebildend	schwach basenbildend	stark basenbildend
Fleisch, Wurst, Fisch	Quark	Milch	Blattsalate
Eier, Käse	Sahne	Trockenobst	Gemüse
Süßwaren	Nüsse	Pilze	Obst
Weißmehlprodukte	Vollkorn-produkte	Hülsen-früchte	Kartoffeln
Alkohol, Kaffee, Tee			

...UND VIEL, VIEL TRINKEN

WASSER IST LEBEN

Der Mensch kann etwa 30 Tage ohne feste Kost überstehen, aber nur höchstens drei Tage ohne Wasser. Schon allein daran läßt sich seine Bedeutung für den Organismus ermessen. Es ist die Grundlage für alle biochemischen Vorgänge, denn die können nur stattfinden, wenn sich die beteiligten Stoffe in Lösung befinden. Außerdem hat es wichtige Transportaufgaben zu erfüllen, wenn es darum geht, die Zellen mit Nährstoffen zu versorgen und Endprodukte des Stoffwechsels fortzuschaffen. Schlacken und Giftablagerungen in den Geweben lassen sich nur mit reichlich Flüssigkeit ausschwemmen und „fortspülen“. Auch die Nieren benötigen viel Wasser, um den dort angelieferten „Bio-Müll“ dann weiter mit dem Harn auszuscheiden.

WIEVIEL TRINKEN?

Der Gesamtbedarf an Flüssigkeit liegt bei rund 2,5 Litern pro Tag. Ein Teil davon ist bereits in vielen Lebensmitteln enthalten. Vor allem Obst und Gemüse haben einen besonders hohen Wassergehalt. Es reicht also, wenn wir etwa 1,5 Liter Flüssigkeit pro Tag trinken.

Der beste Durstlöscher

Das natürlichste Getränk des Menschen ist Wasser, Voraussetzung ist allerdings, daß die Qualität stimmt. Die wird von zwei Richtlinien der Europäischen Gemeinschaft geregelt. Darin sind rechtlich verbindliche Grenzwerte zum Beispiel für zulässige Keimzahlen oder den Gehalt an schädlichen Chemikalien festgelegt. Obwohl unser Trinkwasser im allgemeinen den Kriterien dieser Normen genügt, gibt es dennoch einige Problemzonen, die Gewässerkundlern Sorgen bereiten. Dazu gehört vor allem die Belastung des Grundwassers mit Nitrat durch das Ausbringen von Gülle in Gegenden mit intensiver Landwirtschaft. Wenn Sie nicht sicher sind, fragen Sie beim örtlichen Wasserwerk nach der Qualität des Trinkwassers.

Nur wenn man ausreichend Flüssigkeit zu sich nimmt, kann der Körper alle Nährstoffe optimal verwerten.

Alternativen zum Leitungswasser

Natürliches Mineralwasser: Es wird aus natürlichen unterirdischen Quellen gewonnen und enthält pro Liter mindestens 1 Gramm gelöste Mineralstoffe und 250 Milligramm Kohlensäure. Die Bezeichnung Säuerling oder Sprudel weist auf einen höheren Gehalt an Kohlensäure hin.

Quellwasser: Es stammt ebenfalls aus natürlichen Quellen, enthält jedoch weniger Mineralstoffe und Kohlensäure und ist für Magenempfindliche besser geeignet.

Tafelwasser: Es stammt aus keiner bestimmten Quelle und ist ein Gemisch aus Trink-, Quell- oder Mineralwasser. Eventuell sind Mineralstoffe oder Kohlensäure zugesetzt.

Säfte und Tees: Als Getränke eignen sich auch sehr gut Tees aus Blüten, Früchten oder Kräutern. Sie enthalten keine Energie, dafür oftmals Vitamine – zum Beispiel Hagebuttentee – oder regen Verdauung und Stoffwechsel an wie Brennessel-, Pfefferminz-, Löwenzahn- oder Kamillentee. Trinken Sie Ihre Tees am besten ohne Zucker. Etwas Honig oder Zitrone kann nach Geschmack dazugegeben werden. Frucht- und Gemüsesäfte zeichnen sich durch einen hohen Vitamin- und Mineralstoffgehalt aus. Das gilt vor allem für Säfte aus schwarzen Johannisbeeren, Orangen, Hagebutten, Sanddorn, Möhren und Tomaten. Am hochwertigsten sind sie frisch gepreßt. Zum Durstlöschen sollte man sie 1:1 mit Wasser verdünnen.

PRAXISTIPS

Wenn Sie Ihren Körper künftig bei seiner täglichen Entschlackungsarbeit unterstützen möchten, sollten Sie einige Ratschläge beachten, die Ihnen Ihren Weg zu einem gesünderen unbelasteten Leben mit mehr Vitalität und Wohlbefinden ebnen:

- Kaufen Sie immer nur kleinere Mengen ein. Eine lange Lagerung bekommt vor allem Vitaminen und verschiedenen Sekundären Pflanzenstoffen schlecht.
- Kaufen Sie Ihr Obst und Gemüse immer frisch, am besten von regionalen Anbietern, denn Äpfel müssen im Herbst z.B. nicht extra aus Übersee eingeflogen werden.
- Fragen Sie ruhig nach: Auf dem Markt werden Ihnen die Erzeuger bereitwillig Auskunft über die Anbauweise und Herkunft ihrer Produkte geben. Vieles bekommt man heute bereits ganzjährig aus ökologischem Anbau.
- Kaufen Sie nicht nur regional, sondern auch saisonal. Achten Sie bei der Zusammenstellung Ihres täglichen Speiseplanes auf die jeweiligen Obst- und Gemüsesorten des Monats.
- Bewahren Sie Obst und Gemüse licht- und auch luftgeschützt auf. Am vitaminschonendsten sind frische Produkte immer noch in Speisekammer oder Kühlschrank aufgehoben.
- Bereiten Sie Obst und Gemüse immer erst kurz vor dem Verzehr zu. Unzerkleinert wird es gründlich gewaschen, aber nicht gewässert.
- Wählen Sie bei der Zubereitung schonende Garverfahren wie Dämpfen, Dünsten oder Grillen. Halten Sie die Garzeiten möglichst kurz. Besser noch: Greifen Sie häufiger zu Rohkost.
- Nehmen Sie sich Zeit für die Mahlzeiten, stürzen Sie Ihr Essen nicht zwischen zwei Telefonaten im Büro hinunter.
- Kauen Sie die Nahrung gründlich – nach dem Motto: Gut gekaut ist halb verdaut.
- Achten Sie auf ausreichende Flüssigkeitszufuhr: Trinken Sie mindestens 1,5–2 Liter täglich.
- Verteilen Sie Ihre Mahlzeiten sinnvoll über den Tag:
  Lieber 5–6 kleine Mahlzeiten als 2 große. So wird der Körper regelmäßig aber nicht übermäßig belastet.

WIE MAN ENTSCHLACKEN NOCH UNTERSTÜTZEN KANN

ENTSPANNUNG UND SPORT BRINGEN KÖRPER UND PSYCHE INS GLEICHGEWICHT

Unsere heutige Lebensweise birgt viele Risikofaktoren für die Gesundheit. Einer der entscheidendsten ist Streß: Hektik, Leistungsdruck und Reizüberflutung lassen die Menschen nicht zur Ruhe kommen. Sorgen Sie in Ihrem Leben für den notwendigen Ausgleich von Streß und seelischen Belastungen, denn beides zehrt nicht nur an den Nerven, sondern stört etliche Körperfunktionen und geht damit auf Kosten der Gesundheit. Entspannung ist das beste Gegenmittel, denn sie bewirkt ein Umschalten im vegetativen Nervensystem. Sie hemmt denn Sympathikus-Nerv, der zu Arbeit und Leistung antreibt und fördert den Parasympathikus-Nerv, der Erholung möglich macht. Das ist körperlich zu spüren. Die Muskulatur entspannt sich. Der Blutdruck sinkt. Man fühlt sich gelöst, geistig frischer und ist den Anforderungen des Alltags besser gewachsen. Denn gesunde Lebensweise ist nicht nur eine Frage des Speiseplans. Es gibt eine Reihe von Maßnahmen, die helfen können, den Körper wieder ins Gleichgewicht zu bringen, ihn zu entlasten und ihn gesund zu erhalten.

Entspannen – aber wie?

Schon ein längerer Spaziergang kann diese Wirkung bringen. Es gibt aber auch die Möglichkeit, sich aktiv zu entspannen. Hier drei der am häufigsten angewandten Methoden, die Sie einfach zwischendurch zu Hause ausführen können.

Atemübungen

Sie sind die wohl älteste Methode der Entspannung und auch heute noch Bestandteil jeden Anti-Streß-Programmes. Wichtig dabei: das richtige Luftholen. Beim Einatmen müssen sich Brustkorb und Bauch rundherum ausdehnen, beim Ausatmen muß der gesamte Leib einsinken. Überall und leicht durchzuführen, ob zu Hause oder bei der Arbeit, das Atmen nach der Sechser-Regel: Sechs Sekunden lang die Luft gleichmäßig durch die Nase einziehen, sie sechs Sekunden lang anhalten und dann durch den Mund hörbar genauso lange wieder entweichen lassen. Diesen Rhythmus mehrmals wiederholen.

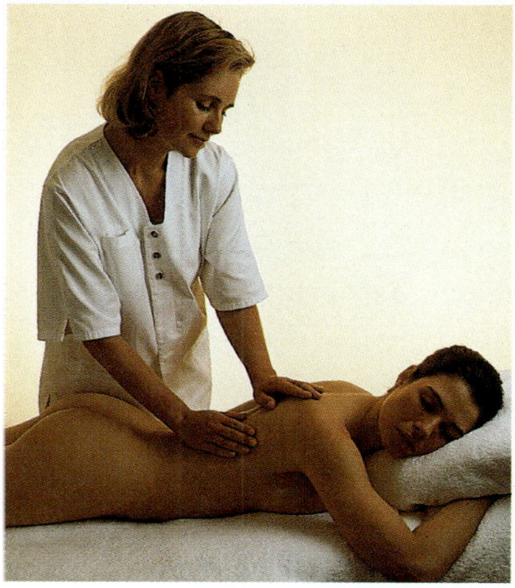

Nach einer Massage fühlt man sich wunderbar entspannt, und ganz nebenbei wird auch der Abtransport von Schlacken gefördert.

Autogenes Training

Es gibt kaum eine Methode, die so tief entspannen hilft wie das Autogene Training. Man konzentriert sich dabei völlig auf sich selbst und versucht, den Körper durch die eigenen Gedanken zu beeinflussen. Am besten erlernt man diese Art der Entspannung unter fachkundiger Anleitung.

Massage

Ob man selbst zum Sisalhandschuh greift, der Partner einen verwöhnt oder ob man von profesioneller Seite Hand anlegen läßt – eine Massage ist ein sehr probates Mittel, Verspannungen zu lösen. Aber sie kann noch mehr – durch das sanfte Kneten und Drücken der einzelnen Körperteile wird das darunterliegende Gewebe gelockert und die Durchblutung verbessert. Dadurch können vermehrt Schlackestoffe abtransportiert werden. Gerade auch bei der Cellulitis, die durch Wassereinlagerungen im Gewebe unschöne Dellen an Oberschenkeln und Po hinterläßt, kann regelmäßige Massage dazu beitragen, den Stoffwechsel anzukurbeln und sie somit wieder loszuwerden.

Sport hilft, Schlacken abzubauen

Körperliche Bewegung sorgt dafür, daß die Muskelzellen besser mit Sauerstoff versorgt sind. Dadurch werden dort abgelagerte Schadstoffe zum Teil regelrecht „verbrannt". Gleichzeitig kommt der Kreislauf in Schwung, so daß auch der Abtransport und das Ausscheiden von Schlacken und Giftstoffen besser klappt. Außerdem stärkt sie die körpereigene Abwehr sowie das Herz-Kreislauf-System. Das macht es dem Organismus leichter, die durch ungesunde Ernährung möglicherweise schon entstandenen Schäden aus eigener Kraft zu heilen. Es muß ja nicht gleich Leistungssport sein. Schon täglich 20 Minuten Gymnastik, Radfahren oder Joggen haben den gewünschten Effekt. Wichtig dabei ist jedoch die Regelmäßigkeit. Nur gelegentliche körperliche Bewegung bewirkt kaum etwas. Einmal erzielte Erfolge müssen dauerhaft gefestigt werden, damit Sie sich wieder wohlfühlen können in Ihrem Körper.

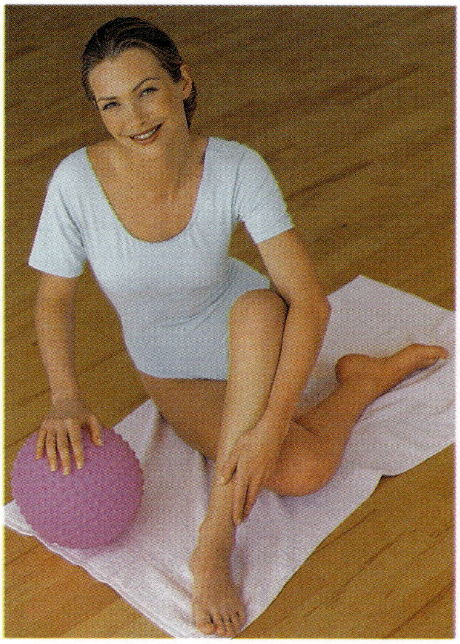

Leichte Übungen – z.B. mit einem Gymnastikball – regen Kreislauf und Stoffwechsel an.

Schwitzen steigert die Entgiftungsleistung der Haut

Warum nicht ab und zu in die Sauna? Das tut dem Körper ausgesprochen gut. Die Hitze kurbelt Stoffwechsel, Blutkreislauf und die Schweißproduktion an. Etwa 200 Milliliter Flüssigkeit verliert man bei einem Saunagang. Das bedeutet eine starke Entgiftung über die Haut. Ein günstiger Zeitpunkt für das Saunieren ist der frühe Abend. Danach sollte man am besten gleich zu Bett gehen und wird meist besonders gut und tief schlafen. Eines sollten Sie noch wissen. So gut die Sauna auch in Sachen Entschlackung ist, Übergewicht läßt sich damit nicht abbauen. Man kann zwar hinterher durchaus ein Kilo weniger auf die Waage bringen, aber nicht etwa durch „Einschmelzen" von Körperfett, sondern ausschließlich durch den Verlust an Flüssigkeit. Ein bißchen trinken, und das ursprüngliche Gewicht ist wieder da. Probieren Sie selbst aus, wieviel Entspannung – auch Yoga oder Meditation sind hier sehr effektiv – und wieviel Sport Sie täglich brauchen, um sich unbeschwert und ausgeglichen zu fühlen. Wenn zu dieser ausgewogenen Mischung nun noch sinnvoll ausgewählte Rezepte dazukommen, sind Sie auf dem besten Weg, Ihrem Körper auf harmonische Weise seine Balance wiederzugeben.

Ganzheitlich denken

Sie sehen also, man kann eine Menge für das eigene Wohlbefinden tun. Wichtig ist vor allem, daß man eine Umstellung der Ernährung langsam und schrittweise angeht, in dem Wissen, daß sich der Erfolg mit kleinen Schritten zwar etwas später einstellt, dafür aber umso effektiver und vor allem länger anhaltend ausfällt. Denn langfristig lassen sich Gesundheit und Wohlbefinden nur erreichen und auch erhalten, wenn man bereit ist zu akzeptieren, daß die gesamte Lebensweise den Bedürfnissen unseres Körpers entsprechen muß. Allein mit Kalorienzählen oder Crash-Diäten ist es ganz sicher nicht getan. Erst Ausgewogenheit in allen Bereichen des persönlichen Lebens führt zum gewünschten Ziel. Nur wer sich diesen Zusammenhang bewußt macht, wird eine Harmonie von Körper, Geist und Seele erreichen können.

Mal wieder raus in die Natur – z.B. bei einem Picknick mit der Familie. Hierbei kann man Alltagsstreß hinter sich lassen und richtig ausspannen.

Gezielt entschlacken – mit gutem Essen, Sport und viel Spaß

Den Körper auf sanfte Art bei seiner täglichen Entschlackungsarbeit unterstützen und dabei sogar gleich noch ein paar Pfunde abnehmen – ohne einseitige Diät und ohne Hungern aber mit Spaß am Essen, dieses Ziel wollen Ihnen die folgenden Rezepte vermitteln. Um Sie dabei zu unterstützen, die Zusammenstellung Ihrer Nahrung eventuell neu zu organisieren, finden Sie gleich im Anschluß Vorschläge für die Durchführung einzelner Entschlackungstage sowie einer einwöchigen Entschlakkungskur. Sofern nicht anders angegeben, sind alle Rezepte für vier Personen angelegt.

Konkrete Hilfestellung

Wer denkt, er könne nicht gleich eine ganze Woche durchhalten, der kann erst einmal bei einzelnen Entschlackungstagen „hineinschnuppern". Auch hier finden Sie für jeden Tag fünf Mahlzeiten sowie eine zusätzliche Sport-Maßnahme, die dem

Körper das Entschlacken leichter machen sollen. Diese vier Tage stehen alle unter einem bestimmten Motto. So liefern die Rezepte des Vitamin-Fitneßtages beispielsweise ein hohes Angebot an wichtigen Vitaminen, mit denen unser Körper schnell unterversorgt ist. Oder der Ballaststoff-Gesundheitstag – er liefert uns einen Tag lang die für eine Entschlackung so wichtigen Ballaststoffe in besonders hoher Menge.

Während der 1-Wochen-Kur können Sie anhand eines „Fahrplans" an sieben aufeinanderfolgenden Tagen leckere Rezepte zubereiten, die alle das Entschlacken effektiv unterstützen. Zu den fünf täglich vorgegebenen Mahlzeiten finden Sie auch noch Vorschläge für eine sportliche Betätigung, die Sie natürlich Ihrem persönlichen Fitneß-Zustand anpassen können.

Die Kur wie auch die einzelnen Entschlackungstage lassen sich beliebig oft wiederholen, und selbstverständlich können Sie auch Gerichte aus den jeweiligen Rubriken des Rezeptteils für die Durchführung einer Kur einsetzen. Das Ziel ist immer das gleiche – den Organismus sanft entschlacken mit wohlschmeckenden Gerichten aus Früchten und Gemüse.

DIE 1-WOCHEN-KUR

Tage	Was esse ich morgens?	Was esse ich mittags?	Was esse ich abends?	Was esse ich zwischendurch?	Was kann ich zusätzlich tun?
1. Tag	Muntermacher-Müsli	Leichtes Spargelgratin	Brokkolisalat mit Pilzen	Kräuterfrischer Frühjahrsmix/ 1 Grapefruit	30 Min. Spazierengehen
2. Tag	Früchtemüsli	Chinesische Pfanne	Kürbiscremesuppe mit Rüblibrot	Mozzarella mit Tomaten/ 1 Banane	30 Min. Schwimmen
3. Tag	Kerniges Hüttenfrühstück	Paprika-Schiffchen	Rote-Bete-Salat	Kräuterkekse mit Tomatendip/ 2 Kiwis	30 Min. Radfahren
4. Tag	Müsli mit Ananas	Brokkoli-Hirse	Quinoa-Salat	Suppe nach Art der Imker/ 2 Äpfel	1 Saunabesuch
5. Tag	Beerenmüsli	Sellerieschnitzel mit Käsesoße	Sauerkrautsalat Tropicana	Möhrenrohkost mit Sonnenblumenkernen/ 2 Orangen	20 Min. Joggen 15 Min. Massage
6. Tag	Pikantes Müsli	Zwiebel-Sprossen-Puffer	Spargelsalat mit Kerbelbutter	Käse mit frischen Feigen/ 2 Möhren	30 Min. Schwimmen
7. Tag	Exotisches Müsli	Italienisches Tofuragout	Zucchinisuppe mit Sprossen	Fruchtsalat mit Ananas/ 2 Äpfel	30 Min. Autogenes Training

Entschlackungstage

Vitamin-Power-Tag:

Frühstück:	Joghurt mit Sanddorn, dazu Tomaten-Knäckebrot
Imbiß:	1 Kiwi, 1 Orange
Mittagessen:	Chinesische Pfanne
Imbiß:	Brokkolisalat mit Pilzen, 1 Kiwi, 1 Orange
Abendessen:	Chicoréesalat mit Früchten
Sport:	30 Min. Radfahren

Mineralstoff-Fitneßtag:

Frühstück:	Himbeermilch
Imbiß:	1 Apfel, 6 getrocknete Aprikosen
Mittagessen:	Bohnentopf
Imbiß:	Mozarella mit Tomaten,
Abendessen:	Käse mit frischen Feigen
Sport:	30 Min. Schwimmen

Ballaststoff-Gesundheitstag:

Frühstück:	Früchtemüsli
Imbiß:	3 Möhren
Mittagessen:	Bunter Buchweizenauflauf
Imbiß:	Schwarzwurzel-Knäckebrot mit Sesam
Abendessen:	Möhrenrohkost mit Sonnenblumenkernen
Sport:	1 Saunabesuch

Antioxidantien-Krebsschutz-Tag:

Frühstück:	Muntermacher-Müsli
Imbiß:	1 Banane
Mittagessen:	Gemüsebratlinge mit Weißkohlsalat
Imbiß:	Exotischer Obstsalat
Abendessen:	Zucchinisuppe mit Sprossen
Sport:	30 Min. Joggen

Frühstück – Damit beginnen Sie Ihren Morgen unbelastet

Kerniges Hüttenfrühstück

- 8 EL kernige Haferflocken
- 400 g Hüttenkäse
- 4 TL Honig
- 2 Äpfel
- 2 Apfelsinen
- 4 EL Rosinen
- 40 g Cashewkerne

1 Die Haferflocken auf 4 Müslischalen verteilen. Den Hüttenkäse mit dem Honig verrühren und über die Haferflocken geben.

2 Die Äpfel waschen und halbieren, das Kerngehäuse entfernen. Die Äpfel auf einer Reibe über den Hüttenkäse reiben.

3 Die Apfelsinen schälen und filetieren. Dazu von den einzelnen Spalten mit einem spitzen Messer die Haut abziehen.

4 Die Apfelsinenspalten und die Rosinen über das Müsli geben. Zuletzt alles mit Cashewkernen dekorieren.

Exotisches Müsli

- 1 Mango
- 4 Scheiben Ananas
- 400 g Joghurt
- 4 EL Honig
- 100 g kernige Haferflocken
- 4 EL Pinienkerne

1 Die Mango und die Ananas schälen und in kleine Stücke bzw. Spalten schneiden.

2 Den Joghurt mit dem Honig verrühren. Die Haferflocken daruntermischen.

3 Den angerührten Joghurt in 4 Müslischalen verteilen. Das Obst darauf geben und abschließend die Pinienkerne darüberstreuen.

Tip

Haferflocken werden aus ganzen Haferkörnern gewonnen und sind sehr reich an Calcium. Zudem ist Hafer das Getreide mit dem höchsten Anteil an lebensnotwendigem Eiweiß, das in pflanzlicher Form besonders gut verwertbar ist.

Exotisches Müsli
Seite 38: Kerniges Hüttenfrühstück

Möhrenmüsli

- 4 Möhren
- 2 TL Zitronensaft
- 8 EL Joghurt oder Milch
- 1 EL Honig
- 8 EL kernige Haferflocken

1 Die Möhren waschen, schälen und mit einer Reibe fein raspeln. Den Zitronensaft darüber träufeln.

2 Den Honig in Joghurt oder Milch auflösen, die Haferflocken dazugeben.

3 Die Mischung über die geraspelten Möhren verteilen.

Milchsäurebakterien

Die Milchsäurebakterien machen das Milchprodukt Joghurt so wertvoll. Diese Bakterien sorgen für ein gesundes und ausgeglichenes Milieu in Magen und Darm. Statt mit Joghurt kann man die Müslis auch mit Milch oder Quark zubereiten – der Gesundheitseffekt ist der gleiche.

Pikantes Müsli

- 12 EL Roggenflocken
- 12 EL Joghurt
- 4 Möhren
- 4 Äpfel
- 4–8 EL gem. Nüsse (Walnüsse, Haselnüsse, Cashewkerne)
- Zitronensaft
- 4 TL Honig

1 Die Roggenflocken in Joghurt oder Wasser über Nacht quellen lassen.

2 Die Möhren waschen, schälen und fein raspeln. Die Äpfel ebenfalls waschen und fein raspeln.

3 Die eingeweichten Flocken auf Müslischalen verteilen. Die geraspelten Äpfel und Möhren darübergeben. Darauf die gehackten oder ganzen Nüsse verteilen.

4 Mit Zitronensaft und Honig abschmecken. Mit in Röllchen geschnittenen Frühlingszwiebeln schmeckt dieses Müsli auch sehr gut als herzhafte Rohkost-Vorspeise.

Pikantes Müsli

Früchtemüsli

8 EL geschrotetes Getreide
8 Dörraprikosen
12 EL Joghurt
4 TL geh. Nüsse
3–4 TL Honig
20 g Erdbeeren
(oder anderes Beerenobst)
2 Kiwis

1 Geschrotetes Getreide mit kleingeschnittenen Aprikosen über Nacht einweichen.

2 Am anderen Morgen Joghurt, Nüsse und Honig damit vermischen.Gewaschenenes und kleingeschnittenes Frischobst darüber verteilen.

Beerenmüsli

20 g Beerenobst
400 g Magerquark
20 ml Orangensaft
4 TL Honig
4 TL Leinsamen

1 Das Obst waschen und mit Quark, Orangensaft und Honig mischen.

2 Den Leinsamen darüberstreuen.

Joghurt mit Sanddorn und Tomaten-Knäckebrot

12 EL Joghurt
4 EL Weizenkeime
4 TL Honig
4 EL Sanddorngelee
4 Scheiben Knäckebrot
40 g Pflanzenmargarine
4 kleine Tomaten
Kresse, Pfeffer, Salz

1 Joghurt, Weizenkeime, Honig und Gelee miteinander vermischen.

2 Tomaten waschen und in Scheiben schneiden. Das mit Margarine bestrichene Knäckebrot mit Tomatenscheiben belegen, mit Kresse bestreuen, pfeffern und salzen.

Himbeermilch

600 g Himbeeren
4 EL geh. Nüsse
8–10 EL Magerquark
4 Tassen Milch
1 Vanilleschote
4 TL Honig

1 Die gewaschenen Beeren in einen tiefen Teller legen und mit den gehackten Nüssen überstreuen.

2 Den Quark mit der gut gekühlten Milch, dem Vanillemark und dem Honig verrühren und über das Obst gießen.

Tip

Um den Stoffwechsel gleich morgens richtig anzukurbeln, sollten Sie Ihren Tag möglichst immer mit einem Müsli beginnen. In Kombination mit frischem Obst und Milchprodukten bekommen Sie so gleich eine Extraportion Energie, die bis zum Mittag anhält.

Muntermacher-Müsli

8 EL Weizenkörner
2 Äpfel
2 Orangen
6–8 EL kernige Haferflocken
4 TL Pinienkerne
4 EL Rosinen
½ l fettarme Milch

1 Die Weizenkörner über Nacht einweichen. Die Äpfel waschen, das Kerngehäuse entfernen. Die Orangen schälen. Äpfel und Orangen in mundgerechte Stückchen schneiden.

2 Zu den eingeweichten Weizenkörnern die Haferflocken geben, Pinienkerne und Rosinen unterrühren. Das geschnittene Obst ebenfalls dazugeben.

3 Zum Schluß die gekühlte Milch darübergießen.

Müsli mit Ananas

4 Scheiben frische Ananas
4 Kiwis
eventuell Erdbeeren
260 g Cornflakes
Frische Minze

1 Das geschälte und gewaschene Obst in mundgerechte Stücke schneiden.

2 Die Stücke vorsichtig unter die Cornflakes mischen. Mit frischer Minze dekoriert sofort servieren.

Ananas

In frischer Ananas ist das Eiweiß spaltende Enzym Bromelin enthalten, das den Stoffwechsel so richtig auf Trab bringt und ihm beim Entwässern hilft. Für einen Obstkuchen können Sie keine frischen Früchte verwenden, da gerade dieses Enzym den Tortenguß nicht fest werden läßt.

Porridge

120 g Vollkornflocken
4–6 EL Milch
4 EL Korinthen
4 Tl Honig

1 Die Vollkornflocken mit 400 ml Wasser unter ständigem Rühren aufkochen.

2 Die übrigen Zutaten unterrühren und alles noch 10 Min. im offenen Topf bei kleiner Flamme köcheln lassen.

3 Das Porridge noch warm servieren und nach Geschmack mit frischem Obst oder Trockenfrüchten anreichern.

Müsli mit Ananas

Rüblibrot

- 4 Möhren
- 1 EL Pflanzenöl
- 350 ml lauwarmes Wasser
- 1–2 TL Jodsalz
- 1 TL brauner Zucker
- 2 EL Sonnenblumenkerne
- 2 EL Sesamkörner
- 150 g zarte Haferflocken
- 400 g Weizenmehl
- 40 g Hefe
- 30 g zarte Haferflocken

1 Die Möhren waschen, schälen, fein raspeln und in Pflanzenöl kurz andünsten. Etwas abkühlen.

2 Möhren, lauwarmes Wasser, Salz, braunen Zucker, Sonnenblumenkerne, Sesamkörner, Haferflocken und Mehl in eine Rührschüssel geben.

3 Die Hefe auf das Mehl bröckeln und alles zu einem glatten Teig verkneten. Den Teig an einem warmen Ort 25 Min. stehen lassen.

4 Den Teig nochmals durchkneten und in eine Kasten- oder Brotbackform legen. Abgedeckt nochmals 10 Min. gehen lassen.

5 Den Teig mit Wasser bepinseln und mit den restlichen Haferflocken bestreuen. Im vorgeheizten Backofen bei 200 °C 50–60 Min. backen.

Herzhafte Aufstriche

Kräuterquark:
250 g Quark mit 4-6 EL Milch verrühren und salzen und pfeffern. Dazu in Ringe geschnittene Frühlingszwiebeln und Schnittlauch geben und mit etwas Zitronensaft abschmecken.

Avocadocreme:
Das Fruchtfleisch einer reifen Avocado mit einer Zwiebel, 2 Tomaten und Zitronensaft im Mixer pürieren. Mit Pfeffer und wenig Salz herzhaft abschmecken.

Rüblibrot

Suppen – Sie lassen garantiert keinen kalt

Kürbiscremesuppe

1 kl. Kürbis (ca. 3 kg)
1 l Milch, 1l Gemüsebrühe
50 g Hefeflocken
Pfeffer, Salz, Muskat, Essig
200 g Toastbrot, 150 g Gouda

1 Kürbis aufschneiden, so daß ein Topf nebst Deckel entsteht. Danach mit einem Löffel die Kerne aus dem Kürbis entfernen.

2 Milch und Gemüsebrühe in den Kürbistopf füllen und alles bei ca. 170 °C 1 Std. im Backofen garen. Die Suppe und das weiche Kürbisfleisch herausschöpfen und im Mixer pürieren. Die Suppe mit den Hefeflocken binden und mit Pfeffer, Salz, Muskat und einem Schuß Essig würzig abschmecken.

3 Die Suppe in den Kürbistopf zurückgeben, das gewürfelte Toastbrot darauf verteilen. Den Käse reiben und darüberstreuen. Im Backofengrill 5–10 Min. überbacken und in dem Topf servieren.

Kürbiseintopf

2 mittelgroße Zwiebeln
40 g Pflanzenmargarine
500 ml Wasser
700 g Kürbisfleisch
500 g Kartoffeln, 2 Stangen Lauch
1 TL Gemüse-Hefebrühe
1 TL weiße Pfefferkörner
1 Knoblauchzehe (zerdrückt)
1 TL Kümmel, 3 Tomaten

1 Die Zwiebeln in Würfel schneiden und andünsten. Kürbis und Kartoffeln schälen, würfeln und dazugeben. Das Ganze mit der Brühe aufgießen und ca. 10 Min. garen. Die Gewürze, den Knoblauch und den gewaschenen, in Ringe geschnittenen Lauch zugeben. Nochmals 10 Min. dünsten.

2 Tomaten enthäuten, achteln und vor dem Servieren dazugeben.

Kürbis

Kürbis gehört wie Zucchini und Gurke zu den stark wasserhaltigen Gemüsesorten und ist daher gut geeignet, den Körper dabei zu unterstützen, Schlackestoffe auszuschwemmen.

Kürbiseintopf
Seite 50: Kürbiscremesuppe

Suppe nach Art der Imker

- 1 Zwiebel, Butter
- 300 g Sauerkraut
- 3–4 Mandarinen
- 1 l Gemüsebrühe
- Salz, Pfeffer, 1 Prise Ingwerpulver
- 1 EL Bienenhonig
- 300 g Sauerrahm, 1 Bund Dill

1 Die Zwiebel schälen, fein hacken und glasig dünsten. Das kleingeschnittene Sauerkraut, die Mandarinenspalten, die Gemüsebrühe, Salz, Pfeffer, Ingwerpulver und Honig hinzufügen und ca. 45 Min. auf kleiner Flamme weichkochen lassen. Zum Schluß den Sauerrahm unterrühren.

2 Die Suppe im Mixer pürieren, evtl. nachwürzen. Mit etwas Sauerkraut und Dill garniert servieren.

Ingwer

Ingwer sollte in der vollwertigen Gemüseküche immer frisch verwendet werden. Dazu wird die Knolle geschält. Anschließend reibt man auf einer Gemüsereibe die benötigte Menge direkt in das Gericht. Seine Aromastoffe verbreiten sofort einen angenehmen zitronig-frischen Duft. Im Ingwer konnten krebshemmende sekundäre Pflanzenstoffe nachgewiesen werden.

Spargelsuppe

- 600 g Suppenspargel
- 40 g Pflanzenmargarine
- 2 EL Vollkornmehl
- 100 ml Milch
- 2 EL Weißwein
- Salz, Muskat
- 1 Becher Sauerrahm
- Kräuter (z.B. Kerbel, Kresse, Schnittlauch)

1 Den Spargel sorgfältig waschen, schälen und in 2 cm große Stücke schneiden. Eventuell holzige Teile in schwach gesalzenem Wasser auskochen und absieben.

2 Die Pflanzenmargarine zerlaufen lassen und das Vollkornmehl darin „anschwitzen". Mit dem Spargelsud ablöschen, aufkochen. Milch und die Spargelstücke dazugeben. Ca. 10 Min. kochen lassen, dann mit Salz, Muskat und Wein abschmecken.

3 Den Sauerrahm unter die Suppe ziehen. Mit feinen Kräutern (z.B. Kerbel, Kresse oder Schnittlauch) bestreut servieren.

Suppe nach Art der Imker

Pürierte Linsensuppe

1 mittelgroße Zwiebel	
3 Knoblauchzehen	
30 g Planzenmargarine	
200 g rote Linsen	
1 l Gemüsebrühe	
Salz	
Pfeffer	
1 Stengel glatte Petersilie	
4–5 EL Sauerrahm	
Saft einer ½ Zitrone	
2 EL geschnittene Lauchringe	

1 Zwiebel und Knoblauch schälen und grob würfeln. In heißer Butter oder Margarine glasig dünsten.

2 Die gewaschenen Linsen zugeben und mit Gemüsebrühe auffüllen. Mit Salz und Pfeffer würzen, die Petersilie zugeben und bei geringer Energiezufuhr ca. 25 Min. garen.

3 Die Petersilie entfernen. Einen Eßlöffel Linsen zurückhalten, den Rest der Suppe mit dem Pürierer fein pürieren. Den Sauerrahm unter die Suppe heben und mit Zitronensaft abschmecken.

4 Die Suppe in vier tiefe, vorgewärmte Teller füllen und mit je einem Klecks Sauerrahm, einigen ganzen Linsen und mit gewaschenem und frisch geschnittenem Lauch garnieren.

Hülsenfrüchte

Hülsenfrüchte bestechen durch einen besonders hohen Anteil an pflanzlichem Eiweiß. Sie liefern auch viele B-Vitamine sowie das Spurenelement Eisen. Besonders ihre Ballaststoffe sind es aber, an die sich im Magen und Darm Schadstoffe und Schlackestoffe haften können und mit ihnen ausgeschieden werden.

Bei folgendem Obst und Gemüse ist der Ballaststoff-Anteil besonders hoch:
Linsen, Kichererbsen, Schwarzwurzeln, grüne Erbsen, Grünkohl, Möhren, Blumenkohl, Birnen, Himbeeren, rote Johannisbeeren.

Pürierte Linsensuppe

Zucchinisuppe mit Sprossen

- 2 EL Weizenschrot
- 0,8 l Gemüsebrühe
- 400 g Zucchini
- Salz, Pfeffer
- 2 EL Tomatenmark
- 150 ml Milch
- 2–3 EL Hefeflocken
- 2 mittelgroße Möhren
- 1 Tasse gemischte Sprossen

1 Weizenschrot in einem heißen Topf ohne Fett kurze Zeit leicht anbräunen. Die kalte Gemüsebrühe zugeben und aufkochen.

2 Zucchini waschen, schneiden und ca. 5 Min. in der Brühe garen. Salz, Pfeffer, das Tomatenmark und die Milch zugeben und alles mit dem Pürierstab zerkleinern. Mit Hefeflocken abbinden. Die gesäuberten, fein geschnittenen Möhren und die Sprossen darauf verteilen.

Tip

Bringt man z.B. Buchweizen, Leinsamen, Kresse, Erbsen oder Sojabohnen zum Keimen, erhält man hochwertige Sprossen mit wenig Kalorien und einem reichen Vitamin- und Mineralstoffgehalt.

Brokkoli-Cremesuppe

- 500 g Brokkoli, 2 Zwiebeln
- 2 EL Pflanzenmargarine
- 2 EL Weizenvollkornmehl
- 1 l Gemüsebrühe
- Salz, Pfeffer, 1 Pr. Cayennepfeffer
- je 1 Msp. Ingwer, Muskatnuß
- 4 EL Milch, 2 EL Hefeflocken
- 20 g trocken geröstete Mandelblättchen

1 Brokkoli waschen, putzen und in Röschen teilen. Zwiebeln schälen und fein hacken, in der Margarine andünsten. Brokkoliröschen dazugeben. Mit dem Mehl bestreuen und mit Gemüsebrühe auffüllen. Mit den Gewürzen kräftig würzen. Hefeflocken einstreuen, Milch dazugeben und alles einige Min. köcheln lassen.

2 Einige Röschen aus der Suppe nehmen, und die Suppe mit einem Pürierstab mixen. Die Brokkoliröschen wieder hineingeben und mit Mandelblättchen garniert servieren.

Zucchinisuppe mit Sprossen

Feine Gemüsesuppe

- 150 g Austernpilze
- 20 g Pflanzenmargarine
- 1 Bund junge Möhren
- 1 Kohlrabi
- 200 g grüne Bohnen
- 1 Stange Lauch
- 1 l Gemüsebrühe
- Saft einer ½ Zitrone
- Salz
- weißer Pfeffer aus der Mühle
- 1 Bund geh. Petersilie
- 1 Bund geh. Kerbel

1 Die Austernpilze putzen, in Streifen schneiden und in heißer Pflanzenmargarine braten. Anschließend zur Seite stellen.

2 Das Gemüse waschen. Möhren und Kohlrabi schälen und in Streifen schneiden. Die Bohnen halbieren, den Lauch in Scheiben schneiden. In Gemüsebrühe ca. 10 Min. bißfest kochen.

3 Den Zitronensaft dazugeben. Mit Salz, Pfeffer und gehackter Petersilie abschmecken.

4 Die gebratenen Pilze zufügen. Suppe mit gehacktem Kerbel bestreuen.

Variation

Statt der Austernpilze können Sie auch in kleine Würfel geschnittene und in Olivenöl angebratene Tofuwürfel zu der Suppe geben. Pikanter wird es, wenn Sie Tofu mit Kräutern oder mit Algen verwenden.

Geben Sie zu dem Gemüse noch 4–6 große Kartoffeln hinzu, die Sie in dickere Scheiben geschnitten haben, erhalten Sie eine kohlenhydratreiche Variante.

Hobeln Sie noch ein Achtel frisches Weißkraut in die Suppe. Dazu kommt eine halbe kleingeschnittene Sellerieknolle, und das Gericht wird besonders aromatisch. Natürlich müssen Sie für mehr Gemüseeinlage die Flüssigkeit entsprechend erhöhen.

Feine Gemüsesuppe

Salate – Knackig und frisch direkt auf den Tisch

Rotkohl-Maronen-Salat mit Kartoffeldressing

400 g Kartoffeln, mehligkochend
1 kleiner Kopf Rotkohl (ca. 750 g)
2 Äpfel, Saft einer ½ Zitrone
1 Bund Brunnenkresse oder
1 Schachtel Kresse
125 ml Gemüsebrühe
4 EL Sonnenblumenöl
2–3 EL Weißweinessig
Salz, Pfeffer, 1 Prise Zucker
300 g Maronen (Eßkastanien)

1 Kartoffeln waschen, 20 Min. garen und pellen. ⅔ davon stampfen, ⅓ würfeln. Rotkohl putzen, waschen, vierteln, den Strunk herausschneiden, fein hobeln. Die Äpfel waschen und in dünne Spalten schneiden. In Zitronensaft legen, damit sie nicht braun werden. Kresse putzen und waschen.

2 Für das Kartoffeldressing die gestampften Kartoffeln mit Brühe, Öl, Essig, Salz, Pfeffer und Zucker verrühren.

3 Rotkohl, Äpfel, Kresse, geschälte Maronen und Kartoffelwürfel auf Tellern anrichten, mit Dressing überziehen.

Sauerkrautsalat Tropicana

500 g Sauerkraut
2 kleine Zwiebeln, 2 Karotten
2 Äpfel, 1 große Apfelsine
4 Scheiben Ananas
100 g Sultaninen
4 EL Ananassaft
Saft von 2 Zitronen, 2 EL Zucker
1 EL geh. Petersilie

1 Das Sauerkraut zerpflücken, die Zwiebel fein hacken, die Karotten und die Äpfel raspeln. Die Apfelsinenfilets sowie die Ananasscheiben in kleine Stücke schneiden. Sämtliche Zutaten gut vermengen, die fein gehackten Sultaninen dazugeben und mit Ananas- und Zitronensaft und Zucker würzen und mit gehackter Petersilie bestreuen.

Sauerkraut

Milchsauervergorenes Sauerkraut unterstützt die Immunabwehr mit viel Vitamin C. Sowohl roh als auch gekocht kurbelt es die Verdauung kräftig an. Gibt man dem sauer eingelegten Weißkohl Kümmel hinzu, wird er leichter verdaulich.

Sauerkrautsalat Tropicana
Seite 62: Rotkohl-Maronen Salat mit Kartoffeldressing

Tomatensalat mit Gurkenmousse

Für die Gurkenmousse

1 Salatgurke, 1 EL Jodsalz
300 ml Gemüsebrühe
150 g kernige Haferflocken
8 Blatt weiße Gelatine
400 g fettarmer Frischkäse
2 EL Essig-Essenz (25 %)
1 Bund Schnittlauch
1 Bund Zitronenmelisse
100 ml Schlagsahne, 2 Eiweiß

Für den Tomatensalat

250 g reife Tomaten
100 g Champignons
1 Zwiebel
2 EL Essig , 4 EL Olivenöl
Zucker, Pfeffer, Salz

1 Gurke schälen, raspeln und mit Salz bestreuen. Die Haferflocken in die kochende Gemüsebrühe geben und 30 Min. quellen lassen. Die Flocken aus der Brühe heben. Die eingeweichte Gelatine in der Brühe auflösen.

2 Den Frischkäse glattrühren und die Brühe und den Essig hinzufügen. Ebenso die gewaschenen und fein gehackten Kräuter. Die Gurkenraspel und die Haferflocken zu dem Frischkäse geben.

3 Sahne und Eiweiß getrennt steif schlagen und nacheinander unter die Masse heben.

4 4 kleine Ringförmchen oder Kaffeetassen mit kaltem Wasser ausspülen, die Masse einfüllen und 2 Std. im Kühlschrank erstarren lassen.

5 Für den Salat Tomaten und Pilze waschen, putzen, in Scheiben schneiden und auf 4 Tellern anrichten.

6 Aus den übrigen Zutaten ein Dressing herstellen und die Tomaten und Pilze damit übergießen. Die Gurkenmousse stürzen und auf dem Salat servieren.

Tip

Tomaten sollten möglichst immer mit der Schale verwendet werden. In ihr stecken ähnlich wie bei den Äpfeln wertvolle Inhaltsstoffe. Kaufen Sie nur frische reife Ware, denn sie hat die meisten Vitamine und Carotinoide. Unreife Tomaten reifen zu Hause auf der Fensterbank nach.

Tomatensalat mit Gurkenmousse

Knackiger Rohkostteller mit dreierlei Dips

1 kg gemischtes Gemüse (z.B. Möhren, Fenchel, Chicorée, Gurke, Paprika, Staudensellerie)

Für den Avocadodip:

- 1 Avocado
- 150 g Joghurt, 5 EL Milch
- 2 EL Hefeflocken
- 1 Knoblauchzehe
- 1 EL Zitronensaft
- Salz, Pfeffer

Für den Kräuterdip:

- 50 g Schmand
- 3 EL Joghurt, 1 TL Zitronensaft
- 3 EL Hefeflocken
- 1 Bund frische Kräuter
- Salz, Pfeffer

Für den Tomatendip:

- 2 Tomaten
- 100 g Magerquark
- 100 g Joghurt
- 3 EL Hefeflocken
- Salz, Pfeffer
- 1 geh. Knoblauchzehe

1 Gemüse waschen, gegebenenfalls schälen, nach Belieben in Stifte, Ringe oder Scheiben schneiden und auf einer Platte anrichten.

2 Avocadodip: Die Avocado der Länge nach halbieren, entkernen, das Fruchtfleisch herauslösen und mit einer Gabel zerdrücken. Joghurt, Milch und Hefeflocken untermischen. Den Dip mit fein gehacktem Knoblauch, Zitronensaft, Salz sowie Pfeffer abschmecken.

3 Kräuterdip: Schmand mit Joghurt, Zitronensaft und Hefeflocken verrühren. Den Dip pürieren und mit Salz, Kräutern sowie Pfeffer würzen.

4 Tomatendip: Tomaten vom Stielansatz befreien, überbrühen und enthäuten, halbieren und würfeln. Quark mit Joghurt und Hefeflocken glattrühren, Tomatenwürfel hinzufügen. Mit Pfeffer, Salz und Knoblauch abschmecken.

Tip

Hefeflocken verwendet man zum Binden von Suppen, Eintöpfen und Saucen sowie zum Würzen von Salaten und Gemüsegerichten. Viele Menschen leiden unter einem Mangel an Vitaminen der B-Gruppe. Der regelmäßige Einsatz von Hefeflocken kann diesem Mangel bereits entgegenwirken.

Knackiger Rohkostteller mit Dips

Spargelsalat mit frischen Champignons

750 g weißer Spargel
250 g weiße Champignons
2 Tomaten, 2 Chicorée

Für die Marinade:
Saft einer Zitrone
3 EL Weißwein, 6 EL Rapsöl oder 6 EL Distelöl
Pfeffer, Salz, Zucker
Kresse zum Garnieren

1 Den Spargel bis unterhalb der Köpfe schälen, in 3 bis 4 cm lange Stücke schneiden und in Salzwasser 5–10 Min. garen.

2 Die Champignons putzen und in Scheiben schneiden. Tomaten waschen und achteln.

3 Aus Zitronensaft, Weißwein, Rapsöl, Salz, Pfeffer und Zucker eine Marinade bereiten und diese über Spargel, Champignons und Tomaten geben. Vorsichtig mischen und ca. 15 Min. durchziehen lassen.

4 Den Spargelsalat auf Chicoréeblättern anrichten und mit Kresse bestreuen.

Rote-Bete-Salat

4 frische Rote-Bete-Knollen
2 mittelgroße Zwiebeln
Lorbeerblätter, Koriander
Olivenöl, Weinessig
1 Msp. Honig, Pfeffer, Salz
1 Apfel

1 Die Rote Bete säubern, Blätter und Stiele abschneiden. Die Knollen mit Lorbeerblättern und Koriander in kochendes Wasser legen und zugedeckt etwa 30–40 Min. gar kochen. Inzwischen die Blätter von den Stielen befreien und die Stiele in ca. 5 cm lange Stifte schneiden. Die Blätter etwas zerschneiden, Stiele und Blätter gegen Ende der Kochzeit zu den Knollen geben.

2 Die Knollen nach der Garzeit aus dem Wasser heben. Abtropfen lassen, schälen und in Scheiben schneiden. Die geschälten Zwiebeln fein schneiden. Aus Essig, Öl und Honig eine Marinade herstellen und mit Pfeffer und Salz abschmecken. Über die Rote Bete und die Zwiebeln geben und gut durchziehen lassen. Mit Apfelspalten garnieren.

Rote-Bete-Salat

Mariniertes Gemüse

je 2 rote und gelbe Paprikaschoten
1 Zucchini
250 g Champignons
4–6 Knoblauchzehen
6 EL kaltgepreßtes Olivenöl
Salz, Pfeffer
1–2 Tassen Gemüsebrühe
4 EL Balsamico-Essig
½–1 TL Honig

1 Paprika und Zucchini waschen und in Streifen schneiden. Champignons putzen und Knoblauchzehen halbieren.

2 Das Öl erhitzen. Zuerst den Knoblauch, dann das übrige Gemüse andünsten. Die Gewürze zugeben und mit der Gemüsebrühe angießen. Aufkochen und ca. 10 Min. garen.

3 Das Gemüse herausnehmen, die Brühe etwas einkochen, abkühlen lassen und mit Essig und Honig abschmecken.

4 Die Brühe über das Gemüse gießen und einige Stunden durchziehen lassen. Mit Basilikumblättern garniert servieren.

Mariniertes Gemüse

Feiner Sauerkrautsalat

500 g Sauerkraut
1 rote Zwiebel
1 Kopf Radicchio
250 g Erdbeeren
1 gelbe Paprikaschote

Für die Soße:
1 Becher Sauerrahm
3–4 EL halbtrockener Sherry
Salz, Pfeffer
1–2 EL Honig
etwas Zitronenmelisse
4 EL geh. Walnußkerne

1 Das Sauerkraut zerpflücken. Die Zwiebel schälen, halbieren und in dünne Scheiben schneiden. Radicchio waschen, trockentupfen und in Streifen schneiden.

2 Die Erdbeeren waschen, das Grün herauszupfen und halbieren.

3 Paprikaschote halbieren, Kerne und Trennwände entfernen und die Schote waschen. In feine Streifen schneiden.

4 Die Soßenzutaten verrühren und unter die Salatzutaten mischen oder als Haube daraufgeben. Mit Zitronenmelisse und Walnußkernen garnieren.

Quinoasalat

- 200 g Quinoa
- ca. 1 l Wasser
- 1–2 TL Gemüsebrühe
- 2 Stangen Lauch
- 2 mittelgroße Möhren
- 1 Apfel
- 3 EL Rotweinessig
- 1 EL Senf, 1 EL Honig
- 4 EL Sojasauce, Salz
- 4 EL kaltgepreßtes Sesam- oder Sonnenblumenöl
- 2 EL geröstete Sesamsamen

1 Quinoa in kochendes Wasser geben und ca. 12 Min. garen. Mit Hefe-Gemüsebrüheextrakt würzen.

2 Den Lauch und die Möhren waschen und in dünne Streifen schneiden. Den Apfel waschen, vierteln, entkernen und ebenfalls kleinschneiden.

3 Essig, Senf, Honig, Sojasauce, Salz und Öl zu einer Sauce verrühren und mit den übrigen Zutaten vermischen.

4 Das Ganze etwa eine Stunde durchziehen lassen, dann die ohne Fett gerösteten Sesamsamen dazugeben.

Roher Spargelsalat

- 800 g grüner Spargel
- 1 Kopf rotblättriger Salat (Lollo Rosso oder Roter Eichblatt)
- 1 rote Paprika, 2 Tomaten
- 1 Bund Lauchzwiebeln
- 300 g Kartoffeln
- Öl, Essig, Zitronensaft
- 1 geh. Zwiebel, Salz, Pfeffer

1 Salatblätter und Gemüse waschen und trockentupfen. Paprika, Tomaten und Lauchzwiebeln in kleine Stücke schneiden. Kartoffeln bißfest kochen und schälen.

2 Für die Marinade Öl, Essig und Zitronensaft mit feingeh. Zwiebel, Salz und Pfeffer vermengen. Über dem angerichteten Salat verteilen.

Quinoa

Quinoa, oder „Inka-Weizen", ist eine alte Getreideart. Die Mayas und Azteken verwendeten die Blätter roh und gekocht als Gemüse, die Körner wurden zu Mehl vermahlen. In der Vollwert-Küche hat der Lieferant wichtiger B-Vitamine wieder Einzug gehalten.

Roher Spargelsalat

Rapsöl-Vinaigrette für bunte Salate

Für die Vinaigrette:

- 2 EL Essig
- Salz, Pfeffer
- 6 EL Rapsöl

Variante in Gelb:

- 2 TL Senf

Variante in Grün:

- 1 Bund frische Kräuter (z.B. Petersilie, Schnittlauch, Dill)

Salatzutaten:

- 1 Knoblauchzehe
- 2 EL Rapsöl
- 2 Scheiben Vollkorntoast
- 1 kleiner Kopf Frisée-Salat
- 1 gelbe Paprika,1 Zucchini
- 150 g Champignons
- 3 Tomaten

1 Für die Vinaigrette Essig mit Salz und Pfeffer verrühren. Rapsöl tropfenweise mit dem Schneebesen unterschlagen. Die Vinaigrette halbieren.

2 Für die gelbe Vinaigrette-Variante den Senf sämig unterrühren. Für die grüne Variante die gewaschenen und fein gehackten Kräuter in die zweite Hälfte der Vinaigrette geben, alles mit dem Pürierstab zu einer sämigen Sauce schlagen.

3 Knoblauch schälen und in eine mit Rapsöl erhitzte Pfanne pressen. Toastbrotwürfel darin goldbraun rösten.

4 Salat und Gemüse putzen, waschen. Frisée-Salat in Stücke zupfen, Paprika in Würfel, Zucchini in dünne Scheiben, Champignons in Viertel und Tomaten in Achtel schneiden.

5 Die Salatzutaten vermischen und auf Tellern mit gerösteten Brotwürfeln anrichten.

Tip

Statt dem neutralen Rapsöl können Sie auch Sonnenblumen-, Kürbiskern- oder Distelöl verwenden. Pflanzliche Öle sind sehr gesund und liefern wertvolle ungesättigte Fettsäuren. Achten Sie beim Einkauf auf gute Qualität, die Öle sollten kalt gepreßt sein, darin sind alle Inhaltsstoffe voll enthalten.

Rapsöl-Vinaigrette für bunte Salate

FEINES DEUTSCHES
Rapsöl

Möhrenrohkost mit Sonnenblumenkernen

- 500 g junge Möhren
- 400 g Knollensellerie
- 8 EL Zitronensaft
- 4 TL Distelöl
- Salz, Pfeffer
- 4 EL Sauerrahm
- 4 EL Mineralwasser
- 4 EL geh. Petersilie
- 50 g geschälte Sonnenblumenkerne

1. Geputzte Möhren und Sellerie grob raffeln. Mit Zitronensaft, Öl, Salz und Pfeffer abschmecken.

2. Sauerrahm mit dem Mineralwasser schaumig rühren und über die Rohkost geben.

3. Mit Petersilie und Sonnenblumenkernen bestreuen.

Tip

Wem der Geschmack von frisch geriebenem Sellerie zu intensiv ist, der kann ersatzweise oder zusätzlich 1 Apfel unter die Rohkost reiben.

Brokkolisalat mit Champignons

- 250 g Brokkoli
- Zitronensaft
- 1 EL Essig
- 1 EL Weißwein
- 1 EL Distelöl
- 1 TL Sherry
- Salz, Pfeffer
- 100 g Champignons

1. Brokkoli waschen, in Röschen teilen und ca. 8 Min. in Salzwasser garen.

2. Aus Zitronensaft, Essig, Weißwein, Öl, Sherry, Salz und Pfeffer ein Dressing anrühren.

3. Die garen Brokkoliröschen 1 Std. in dem Dressing ziehen lassen.

4. Champignons waschen, putzen und in Scheiben schneiden. Über dem Brokkoli verteilen, schwarzen Pfeffer darübergeben.

Chicoréesalat mit Früchten

3–4 kleine Chicorée
2 Orangen, 2 Bananen
2 Kiwis
4 EL Quark
8 EL Joghurt
1 Spritzer Tabasco
1 Msp. Curry
1 Msp. ger. Zitronenschale
1 Msp. Cayennepfeffer
Zitronensaft

1 Die Chicoréeblätter vom Strunk lösen und einzeln unter fließendem Wasser abspülen. Die Orangen und die Bananen schälen und in nicht zu kleine Stücke schneiden. Die Kiwis ebenfalls schälen und in Scheiben schneiden.

2 Den Quark und den Joghurt miteinander verrühren, mit Tabasco, Curry und Zitronenschale abschmecken. Den Cayennepfeffer und den Zitronensaft einrühren, alles gut vermischen.

3 Die Salatsoße in eine kleine Schüssel füllen und in der Mitte einer großen Platte plazieren. Die abgetropften Chicoréeblätter um die Schüssel herum in Blütenform dekorieren.

Feldsalat mit rosa Grapefruit

200–250 g Feldsalat
2 rosa Grapefruits
4 EL geschälte Sonnenblumenkerne
2 TL Ahornsirup
3–4 Spritzer Balsamico-Essig
4 TL Walnußöl
Salz, Pfeffer, Cayennepfeffer

1 Den Feldsalat mehrmals gründlich waschen, um allen Sand zu entfernen. Die Grapefruits schälen, in Spalten teilen und diese 1–2mal quer durchschneiden. Mit dem Feldsalat vermengen.

2 Sonnenblumenkerne in einer Pfanne ohne Fett rösten. Aus Sirup, Essig, Öl und den Gewürzen eine Marinade herstellen und über den Salat verteilen. Zum Schluß die gerösteten Sonnenblumenkerne darübergeben.

Hauptgerichte – Vollwertige Sattmacher aus frischem Gemüse

Paprika-Schiffchen

- 4 rote Paprikaschoten
- 150 g Champignons
- 2 Zwiebeln, 2 EL Pflanzenöl
- 400 g Tomaten
- 1 gelbe Paprikaschote
- 100 g kernige Haferflocken
- 1 Bund geh. Petersilie
- 1 Knoblauchzehe, Salz, Pfeffer
- 300 ml Gemüsebrühe
- 100 g ger. Emmentaler Käse

1 Rote Paprika waschen, der Länge nach halbieren und die Kerne entfernen. Für die Füllung Pilze sowie Zwiebeln putzen, fein würfeln und im Öl dünsten. Tomaten waschen und fein würfeln. Die gelbe Paprika waschen, in feine Streifen schneiden. Zusammen mit Tomatenwürfeln und kernigen Haferflocken zum Pilz-Zwiebel-Gemisch geben und mit Petersilie, zerdrücktem Knoblauch sowie Salz und Pfeffer abschmecken.

2 Paprikahälften auf ein gefettetes Backblech setzen, füllen und mit Gemüsebrühe angießen. Auf mittlerer Einschubleiste bei 180 °C 20 Min. backen, dann mit Käse bestreuen und weitere 10 Min. gratinieren.

Leichtes Spargelgratin

- je 350 g weißer und grüner Spargel
- etwas Pflanzenöl
- Meersalz
- Saft von einer Zitrone
- 150 g Sauerrahm
- 1 Ei, schwarzer Pfeffer
- Cayennepfeffer
- 4 EL ger. Schnittkäse
- Schale einer unbehandelten Zitrone, Fett für die Form

1 Den weißen Spargel ganz, den grünen nur an der Schnittfläche schälen. Wasser mit Öl, Salz und Zitronensaft erhitzen und den Spargel darin wenige Min. bißfest kochen. Abtropfen lassen und in eine gefettete, flache Gratinform geben.

2 Sauerrahm mit Ei, Pfeffer, Cayennepfeffer, Käse und Zitronenschale verrühren. Auf dem Spargel verteilen und im vorgeheizten Backofen bei 220 °C ca. 10 Min. gratinieren.

Leichtes Spargelgratin
Seite 80: Paprika-Schiffchen

Herbstliche Gemüse-Panettone

2 Karotten
1 Stange Staudensellerie
1 grüne Paprika
20 g Hefe (frisch)
1 TL Zucker
⅛ l Milch
30 g Pflanzenmargarine
1 Bund frische Kräuter (z.B. Petersilie, Schnittlauch, Basilikum)
300 g Weizenmehl
100 g kernige Haferflocken
1 Ei, 1 TL Jodsalz
100 g ger. Gouda
Öl für die Form

1 Karotten, Staudensellerie und Paprikaschote waschen, putzen und fein würfeln. Gemüse in kochendem Wasser 2 Min. blanchieren und abgießen, in eiskaltem Wasser kurz abschrecken.

2 Hefe mit Zucker und 2 EL Milch glattrühren, 10 Min. stehen lassen. Restliche Milch mit Margarine und Kräutern erwärmen. Mehl und Haferflocken in eine Schüssel geben. Ei, Salz, Hefeansatz sowie Kräuter zufügen und alles zu einem glatten Teig verkneten. Den Teig mindestens 5 Min. durcharbeiten, damit er schön locker und luftig wird. Abschließend Gemüsewürfel und Käse unterkneten.

3 Eine kleine Gugelhupfform einölen, mit Backpapier auskleiden und nochmals mit Öl bestreichen. Hefeteig hineinfüllen und 30 Min. gehen lassen. Den Backofen vorheizen, die Panettone einschieben und bei 180 °C in ca. 40 Min. goldgelb backen.

Tip

Verwenden Sie so oft wie möglich in Ihren Gemüsegerichten frische Kräuter. Wer sie nicht selbst auf der Fensterbank zieht, bekommt auf den Märkten ganzjährig aromatische Kräuter. Durch ihre ätherischen Öle, Vitamine und weitere gesunde Inhaltsstoffe tragen auch sie zu einem reibungslosen Ablauf der Entschlackunsvorgänge bei.

Herbstliche Gemüse-Panettone

Gratiniertes Frühlingsgemüse mit Apfelsaft

500 g Brokkoli
2 Bund Frühlingszwiebeln
400 g kleine Möhren
3–4 EL Distelöl
250 ml Apfelsaft
Distelöl für die Form
Salz, Pfeffer
80 g milder Edelpilzkäse

1 Das Gemüse waschen und putzen bzw. schälen. Brokkoli in einzelne Röschen teilen. Stiele in Scheiben schneiden, dicke Stiele vorher schälen. Frühlingszwiebeln in 5 cm lange Stücke schneiden und Möhren längs halbieren.

2 Distelöl in einem großen Topf erhitzen, Möhren hineingeben und kurz andünsten. Dann den Apfelsaft zugeben, und die Möhren darin weitere 10 Min. dünsten.

3 Die Möhren aus der Flüssigkeit nehmen und den Brokkoli hineingeben. Ca. 3 Min. dünsten und wieder herausnehmen. Zum Schluß die Zwiebeln im Apfelsaft ca. 3 Min. dünsten.

4 Eine große, flache Auflaufform mit Distelöl fetten und das gedünstete Gemüse hineinlegen. Mit Salz und Pfeffer würzen. Den Edelpilzkäse fein würfeln und über das Gemüse streuen.

5 Die Form in den vorgeheizten Ofen schieben und bei 200 °C ca. 10 Min. gratinieren, bis es eine leichte Kruste hat.

Saft

Für das gute Gelingen eines Gerichtes ist die Qualität jeder einzelnen Zutat ausschlaggebend. In diesem Fall gilt: Saft ist nicht gleich Saft. Wie in der Küche sollten Sie auch für den puren Genuß darauf achten, Direktsäfte zu verwenden. Diese sind nicht aus Konzentrat, und ihnen wird auch nicht zusätzlich Wasser und Zucker beigemengt, sondern sie werden aus frischem Obst gepreßt und danach direkt in Flaschen abgefüllt. Dadurch haben diese Säfte einen viel höheren Vitamin- und Mineralstoffgehalt.

Gratiniertes Frühlingsgemüse mit Apfelsaft

Zwiebel-Sprossen-Puffer

- 500 g weiße Zwiebeln
- 5 EL kaltgepreßtes Olivenöl
- etwas Gemüsebrühe
- Salz
- Pfeffer
- Hefestreuwürze
- 2 Eier
- 3 EL Milch
- 2–3 EL Vollkornmehl
- etwas Muskatnuß
- 5–6 EL gekeimte Weizenkörner
- 1 Bund Schnittlauch

1 Die Zwiebeln schälen und in sehr dünne Scheiben schneiden. In zwei Eßlöffeln Olivenöl goldgelb anbraten und mit wenig Gemüsebrühe einige Min. dünsten. Wenn die Flüssigkeit verkocht ist, mit Meersalz, Pfeffer und Hefestreuwürze würzen.

2 Eier, Milch und Vollkornmehl verquirlen, mit Muskat abschmecken. Die Zwiebeln sowie die gekeimten Weizenkörner zugeben. Ca. 10 Min. quellen lassen.

3 Den Schnittlauch waschen, fein schneiden und unter den Teig rühren.

4 Das restliche Öl erhitzen und ca. 8–12 kleine flache Puffer von beiden Seiten goldgelb ausbacken.

Tip

Vollwertige Gemüsepuffer lassen sich je nach Saison und Geschmack einfach und schnell zubereiten. Reiben Sie einfach Gemüse wie Karotten, Sellerie, Kartoffeln oder Zucchini fein und vermengen es mit einem Ei und etwas Vollkornmehl. Dann nur noch würzen und kleine Puffer ausbacken. Die Puffer sind universell einsetzbar. So paßt zu Kartoffel-Möhren-Puffern sowohl ein gemischter grüner Salat als auch frisches Apfelmus.

Zwiebel-Sprossen-Puffer

Lauch mit Kürbiskern-creme

600 g Lauch
1 Tasse Gemüsebrühe
Salz
Pfeffer
1 TL Senfkörner
200 g Sauerrahm
abger. Schale einer ½ Zitrone
1 EL Zitronensaft
Salz
3–4 EL Kürbiskerne

1 Den Lauch putzen, waschen und in längliche Stücke schneiden. In wenig Gemüsebrühe mit Salz, Pfeffer und Senfkörnern ca. 8 Min. dünsten.

2 Zwischenzeitlich den Sauerrahm verrühren und mit Zitronenschale, Zitronensaft und Salz abschmecken.

3 Die Kürbiskerne im Mörser zerstampfen und in den Sauerrahm einrühren.

4 Den Lauch in eine Auflaufform geben und die Creme über den Lauch gießen. Im Backofen bei 150 °C ca. 5–10 Min. gratinieren.

Senf

Die Zugabe von Senf oder Senfkörnern macht viele Gerichte geschmacklich interessanter. Darüber hinaus hat Senf aber auch die positive Wirkung, die Speisen besser verdaulich zu machen. Er regt die Bildung von Verdauungssäften an und sorgt damit dafür, daß die Nährstoffe besser ausgenutzt werden und sich keine unnötigen Schlacken absetzen.

Lauch mit Kürbiskerncreme

Tomaten-Risotto mit schwarzen Oliven

6 Fleischtomaten
2 Zwiebeln
2–3 Knoblauchzehen
4–5 EL Olivenöl
250 g Vollkornreis
2–3 EL Tomatenmark
½ l Wasser Salz, Pfeffer,
15–20 schwarze Oliven
frisches Basilikum

1 Die Tomaten waschen und in kleine Würfel schneiden. Zwiebeln und Knoblauch schälen und fein hacken. Das Öl in einem Topf erhitzen und die Zwiebeln und den Knoblauch dazugeben.

2 Unter ständigem Rühren den gewaschenen Reis hineingeben und leicht anrösten. Nach 2–3 Min. die Tomaten und das Tomatenmark dazugeben, mit Wasser auffüllen.

3 Das Risotto ca. 20 Min. garen lassen. Mit Salz und Pfeffer würzig abschmecken. Die Oliven entsteinen und in kleine Stücke schneiden. Basilikumblätter kurz abbrausen und in Streifen schneiden. Kurz vor dem Servieren über das Risotto geben.

Risotto mit Pfifferlingen

250 g Pfifferlinge
1 mittelgroße Zwiebel
40 ml Pflanzenöl
250 g Natur-Rundkornreis
ca. 800 ml Gemüsebrühe
Salz, Safran
Pfeffer
2 EL Zitronensaft
1 Bund geh. Petersilie
4 EL ger. Hartkäse

1 Die Pfifferlinge putzen und waschen, die Zwiebel schälen und würfeln. Beides in heißem Öl andünsten.

2 Den Reis zugeben und ebenfalls andünsten. Die kochende Gemüsebrühe nach und nach zugeben und alles insgesamt ca. 40 Min. garen.

3 Mit Salz, Pfeffer, Safran und Zitronensaft abschmecken. Die gehackte Petersilie unterheben und mit geriebenem Käse bestreuen.

Risotto mit Pfifferlingen

Brokkoli-Hirse

- 1 Knoblauchzehe
- 2 mittelgroße Zwiebeln
- 20 g Pflanzenmargarine
- 200 g Hirse
- 500 ml Gemüsebrühe
- 500 g Brokkoli
- 150 g Schafskäse
- 1 Bund Schnittlauch
- 2 große, reife Tomaten
- Salz
- Pfeffer
- Muskatnuß

1 Die Knoblauchzehe und die Zwiebeln schälen und fein hacken, in heißer Pflanzenmargarine andünsten.

2 Die Hirse auf einem Sieb heiß abwaschen, bis das Wasser nicht mehr trüb ist, dann zu den Zwiebeln geben. Mit Gemüsebrühe auffüllen, aufkochen lassen und bei geringer Energiezufuhr ca. 25–30 Min. zugedeckt garen.

3 Zwischenzeitlich den Brokkoli putzen, waschen, zerkleinern und ca. 3–5 Min. in kochendem Wasser blanchieren.

4 Den Schafskäse würfeln. Den Schnittlauch waschen und in feine Röllchen schneiden. Die gewaschenen Tomaten in sehr kleine Würfel schneiden.

5 Den Brokkoli und die Schafskäsewürfel unter die Hirse mischen, würzen und mit Schnittlauch und Tomatenwürfeln bestreuen.

Tip

Das Gericht kann kurz überbacken werden. Da der Schafskäse in der heißen Hirse anschmilzt, ist das aber nicht unbedingt nötig. Achten Sie beim Einkauf darauf, tatsächlich Feta aus Schafskäse zu bekommen. Mittlerweile ist nämlich auch „Schafskäse“ aus Kuhmilch erhältlich, der im Geschmack viel milder ist als das griechische Original. Sie können statt Pflanzenmargarine auch natives Olivenöl verwenden, damit bekommt das Gericht den typischen Mittelmeer-Geschmack.

Brokkoli-Hirse

Getreidebratlinge auf Blattspinat

- 1 Zwiebel
- 1 TL Pflanzenmargarine
- 1 TL Curry, 1 TL scharfer Paprika
- 100 g Hafer- oder Roggenflocken oder Grünkern
- 100 g Hefeflocken
- 3/8 l Gemüsebrühe, 1 Ei
- 25 g ger. Parmesan
- 150 g ger. Emmentaler
- Salz, Petersilie
- 600 g frischer Blattspinat
- 1 kleine Zwiebel
- Salz, Pfeffer
- Muskat, Knoblauch
- 1 Becher Frischkäse mit Kräutern (Magerstufe)
- 2–3 EL Vollmilch
- 4–5 EL Olivenöl

1 Zwiebel schälen, fein würfeln und in Pflanzenmargarine andünsten. Curry, Paprika und Haferflocken unterrühren. Heiße Gemüsebrühe aufgießen und gut verrühren. Abgedeckt ca. 10 Min. quellen lassen. Mit Ei, Parmesan, Emmentaler, Salz und Petersilie vermengen.

2 Blattspinat sorgfältig putzen, waschen und in Salzwasser ca. 10 Min. garen. Gewürfelte Zwiebel andünsten. Zusammen mit den Gewürzen zu dem abgetropften Spinat geben.

3 Frischkäse mit Vollmilch verrühren und kalt stellen. Olivenöl in einer Pfanne erhitzen und nacheinander 12–14 Haferbratlinge von jeder Seite 3–5 Min. goldbraun braten.

4 Blattspinat in eine Auflaufform geben und die Bratlinge darüberschichten. Frischkäsesauce darübergießen.

Mangold

Verwenden Sie anstatt Blattspinat einmal Mangold. Das Blattgemüse Mangold wird gleich verarbeitet wie Spinat, ist aber im Geschmack etwas kräftiger. Als Nährstoffe liefern beide vor allem viel Vitamin A, C und das Spurenelement Eisen. Gerade viele junge Frauen leiden oft unter Eisenmangel, servieren Sie also öfters Mangold oder Spinat.

Getreidebratlinge auf Blattspinat

Getreide-Nuß-Frikadellen

Zutaten für 8–10 Stück:

200 g Getreidekörner (z.B. Weizen, Roggen oder Grünkern)
350 ml Gemüsebrühe
100 ml Milch
Lorbeerblatt
Pfefferkörner
1 kleine Stange Lauch
2 Möhren
Salz
Hefestreuwürze
1 Ei
100 g geh. Haselnüsse
Kokosfett für die Pfanne
1 Bund Schnittlauch

1 Die Körner grob schroten. In Gemüsebrühe und Milch mit Lorbeerblatt und Pfefferkörnern aufkochen und bei geringer Energiezufuhr ca. 20 Min. ausquellen lassen. Vorsicht, die Masse brennt leicht an.

2 Lauch und Möhren waschen, putzen und sehr fein schneiden. Zu der Getreidemasse geben. Das Meersalz, die Hefestreuwürze, das Ei und die Hälfte der Nüsse ebenfalls zugeben.

3 Dann 8–10 kleine flache Frikadellen formen. In heißem Kokosfett goldgelb braten.

4 Die restlichen Nüsse und den gewaschenen und geschnittenen Schnittlauch darüberstreuen.

Eiweiß

Aus der Kombination Getreide, Milch und Ei kann sich der Körper mit hochwertigem Eiweiß versorgen. Dies benötigt er z.B. als Baustein zur Herstellung von Enzymen, die Stoffwechselvorgänge überhaupt erst möglich machen. Eiweiß ist Bestandteil aller lebenden Organismen und muß regelmäßig über die Nahrung aufgenommen werden. Neben tierischem Eiweiß in Fleisch, Wurst und Eiern sollten unsere Hauptlieferanten für Eiweiß aber vor allem Milchprodukte, Getreide, Hülsenfrüchte und auch Kartoffeln sein.

Gemüsebratlinge mit Weißkohlsalat

Für die Bratlinge:

- 200 g Möhren
- 200 g Knollensellerie
- 6–8 mittelgroße Kartoffeln
- 1 Ei, 150 ml Milch
- 4 EL Hafervollkornmehl
- Salz, Pfeffer
- Muskatnuß
- etwas Liebstöckel
- 2 Knoblauchzehen
- 4 EL geh. Petersilie und Dill
- 4 TL Olivenöl

Für den Weißkohlsalat:

- 400 g Weißkraut
- 3–4 Tassen Gemüsebrühe
- 1 Becher Sauerrahm
- 4 EL Joghurt
- 4 TL Essig
- 3–4 EL Zitronensaft
- 1 TL gem. Kümmel
- 1 Pr. scharfer Paprika
- 200 g Weintrauben
- 3 kleine Zwiebeln
- 4 TL geh.Haselnüsse
- 4 TL geh. Estragon

1 Möhren, Sellerie und Kartoffeln waschen, putzen bzw. schälen und grob raffeln. Mit Ei, Milch und Mehl mischen. Gewürze, geh. Knoblach und Kräuter unterrühren. Falls die Masse zu fest ist, noch etwas Wasser dazugeben.

2 Bratlinge formen und in heißem Öl goldgelb backen.

3 Weißkraut putzen, fein hobeln und in der Gemüsebrühe kurz blanchieren.

4 Aus Sauerrahm, Joghurt, Essig, Zitronensaft, Kümmel und Paprika ein Dressing bereiten.

5 Die Zwiebeln schälen und würfeln. Weintrauben waschen, halbieren, entkernen.

6 Zwiebeln, Weintrauben, Nüsse und Estragon unter die Sauce ziehen. Über den abgetropften Weißkohl geben.

Ravioli mit Spinatfüllung

- 250 g Weizenmehl
- 1 Pr. Salz
- 2 Eier
- 2–3 EL kaltgepreßtes Sonnenblumenöl
- 1 kleine Zwiebel
- 2 Knoblauchzehen
- 3 EL Pflanzenöl
- 250 g Spinat
- 60 g fettarmer Frischkäse
- 2 EL Joghurt
- 2 Eier (getrennt)
- 2 EL gekeimte Sonnenblumenkerne
- Salz, Muskatnuß
- einige Rosmarinnadeln

1 Mehl mit Salz, Eiern und Öl verkneten, so daß ein geschmeidiger Teig entsteht. Evtl. noch 2–3 EL kaltes Wasser zugeben. Den Teig ca. 1 Std. ruhen lassen.

2 Zwiebel und Knoblauch schälen, kleinschneiden und in heißem Pflanzenöl andünsten. Den gewaschenen und abgetropften Spinat zugeben und ca. 3 Min. dünsten.

3 Danach den Spinat ohne die Flüssigkeit mit einem Pürierstab zerkleinern. Anschließend abkühlen lassen.

4 Den Frischkäse durch ein Sieb drücken und mit Joghurt, Eigelb und Spinat vermischen. Die gekeimten Sonnenblumenkerne zugeben und die Masse pikant würzen.

5 Den Teig halbieren und sehr dünn ausrollen. Eine Hälfte mit wenig Eiweiß bestreichen und im Abstand von 5 cm mit Spinatmasse belegen. Die zweite Teighälfte darüberlegen und zwischen der Spinatfüllung gut festdrücken.

6 Mit dem Teigröllchen Quadrate schneiden und in reichlich Salzwasser ca. 5 Min. bißfest kochen. Abtropfen lassen. Zum Schluß die Rosmarinnadeln über die Ravioli verteilen.

Italienisches Tofuragout

- 250 g Tofu
- 3 Knoblauchzehen
- 10 Rosmarinnadeln
- 3 EL Rotweinessig
- 2 EL Wasser
- 8 EL Olivenöl
- 1 große Zwiebel
- 4 große Tomaten
- 1 mittelgroße Zucchini
- 1 große Aubergine
- 12 schwarze Oliven
- ⅛ l Gemüsebrühe
- 1 Pr. Thymian
- 1 Pr. Majoran
- Salz, Pfeffer

1 Tofu abtropfen lassen und in kleine Würfel schneiden. Die Knoblauchzehen sehr fein hacken. Rosmarinnadeln grob zerbrechen. Rotweinessig mit Wasser und 4 Eßlöffeln Olivenöl mischen, Knoblauch und Rosmarin zugeben. Den Tofu mit dieser Marinade beträufeln und ca. 2 Std. marinieren.

2 Zwiebel schälen, Tomaten kurz in kochendes Wasser tauchen und enthäuten. Zucchini waschen. Dann alles in Würfel schneiden. Die gewaschene Aubergine in Scheiben schneiden, in kochendem Wasser 2 Min. blanchieren, abtropfen lassen und ebenfalls in Würfel schneiden.

3 Die Zwiebel zuerst, dann das übrige Gemüse in heißem Olivenöl anbraten. Die Oliven zugeben. Mit der Gemüsebrühe begießen und ca. 8–10 Min. garen.

4 Die Tofuwürfel mit der Marinade dazugeben, nochmals erhitzen und mit Thymian, Majoran, Salz und Pfeffer abschmecken.

Tofu

Tofu wird aus Sojabohnen-Milch gewonnen und in der Vollwert-Küche als Fleischersatz verwendet. Die Masse, die von der Form her Quark ähnlich ist, bekommt man in Naturkostläden – pur, neutral oder bereits gewürzt, mit Algen oder Gemüse gemischt. Er belastet den Körper nicht unnötig, hat viel pflanzliches Eiweiß bei nur wenig Kalorien. Da er aber nur wenig Ballaststoffe und Kohlenhydrate besitzt, sollte Tofu immer mit entsprechenden Lebensmitteln kombiniert werden.

Sellerieschnitzel mit Käsesoße

1 Sellerieknolle (500 g)	
1 TL Salz	
125 g Erdnußkerne	
4 EL Dosenmilch	
6 EL Hefeflocken	
80 g Pflanzenöl	
¼ l Milch	
100 g mittelalter Gouda	
Salz, Pfeffer	

1 Den Sellerie putzen, schälen und waschen, dann in dünne Scheiben schneiden. Größere Selleriescheiben halbieren. In kochendem Salzwasser ca. 5 Min. garen. ⅛ l der Kochflüssigkeit abfüllen.

2 Für die Panade die Erdnüsse mahlen, die Dosenmilch verquirlen. Die Selleriescheiben abtropfen lassen und nacheinander in den Erdnüssen, der Dosenmilch und 3 EL Hefeflocken wenden.

3 Für die Soße die Margarine erhitzen, und die restlichen Hefeflocken darin anschwitzen. Milch und Selleriefond unter ständigem Rühren hinzufügen und noch ca. 5 Min. bei leichter Hitze etwas einkochen lassen.

4 Den Käse reiben, unter die Soße heben und schmelzen lassen. Mit Salz und Pfeffer pikant abschmecken.

5 Etwas Pflanzenöl erhitzen und die panierten Selleriescheiben unter mehrmaligem Wenden goldbraun ausbacken.

6 Die Selleriescheiben auf Tellern anrichten, körnigen Naturreis dazu reichen und die Soße darübergeben.

Kalium

Auch aus weißen Rüben, Auberginen oder Kohlrabi können solche Schnitzel zubereitet werden. Wie in fast allen anderen Obst- und Gemüsesorten ist auch in Sellerie der Mineralstoff Kalium enthalten. Dieser reguliert zusammen mit Natrium den Wasserhaushalt des Körpers. Auch für eine normale Muskeltätigkeit sind diese Mineralstoffe unerläßlich. Sind sie in ausreichender Menge im Körper vorhanden, ist er vor Muskelkrämpfen weitgehend geschützt. Neben Obst und Gemüse nehmen wir Mineralstoffe vor allem in flüssiger Form als Mineralwasser auf.

Sellerieschnitzel mit Käsesoße

Zucchini-Pfannkuchen

- 120 g Weizenvollkornmehl
- ½ Tasse Milch
- ½ Tasse Mineralwasser
- 2 Eier, Salz, weißer Pfeffer
- 3 mittelgroße Zucchini
- 2 EL Sonnenblumenkerne
- Kokosfett zum Braten

1 Aus Vollkornmehl, Milch, Mineralwasser und Eiern einen Teig rühren. Mit Salz und Pfeffer würzen und die gewaschenen, dann fein geraspelten Zucchini hineingeben.

2 Die Sonnenblumenkerne ohne Fett leicht anrösten, abkühlen lassen und ebenfalls zu dem Teig geben.

3 In heißem Fett ca. 8 Pfannkuchen von beiden Seiten goldgelb braten.

Tip

Statt mit Zucchini können die Pfannkuchen auch mit geraspeltem Kürbisfleisch zubereitet werden, das ebenfalls stark wasserhaltig ist.

Zucchini-Pfannkuchen

Chinesische Pfanne

- 200 g Austernpilze
- 2 EL Sojasauce
- 2 EL trockener Sherry
- 1 TL Stärkemehl
- 1 Stange Bleichsellerie
- 2 kleine Zwiebeln
- 200 g Sojasprossen
- 1 EL Distelöl
- 10 g Erdnüsse
- Chinagewürzmischung
- 200 g Vollkornreis

1 Pilze waschen, putzen und in Streifen schneiden. Sojasauce, Sherry und Stärke verrühren. Die Pilze mit der Marinade mischen.

2 Sellerie putzen und Zwiebeln schälen und dann in Scheiben schneiden, Sojasprossen waschen.

3 Gemüse und Pilze unter Rühren in Distelöl kurz anbraten. Mit Chinagewürz abschmecken.

4 Nüsse ohne Fett rösten und darüberstreuen. Mit dem gekochten Reis anrichten.

Bunter Buchweizen-auflauf

- 200 g Buchweizenkörner
- ¾ l Gemüsebrühe
- 2 kleine Zwiebeln
- 2 Knoblauchzehen
- 2 mittelgroße Möhren
- 2 kleine Zucchini
- 4 EL Pflanzenöl
- 100 g Erbsen
- Salz, Pfeffer
- 1 TL mildes Curry-Pulver
- 2–3 EL geh. Kräuter (z.B. Petersilie, Schnittlauch, Basilikum)
- 2 Eigelb
- 40 g ger. Käse, 2 Eiweiß
- Fett für die Form

1 Den Buchweizen in der Gemüsebrühe zum Kochen bringen, 15 Min. garen und danach 10 Min. ausquellen lassen.

2 Inzwischen Zwiebeln, Knoblauch, Möhren und die Zucchinis putzen, bzw. schälen und fein würfeln.

3 Die Würfel in dem Öl kurz erhitzen. Erbsen, Salz, Pfeffer und Curry zugeben und alles zusammen 3–4 Min. braten.

4 Die Buchweizenkörner mit dem Gemüse vermischen.

5 Die Eigelbe verrühren und zusammen mit den Kräutern und der Hälfte des Käses unterrühren.

6 Eiweiß schlagen und unter die Käsesoße ziehen. Die Buchweizen-Gemüsemasse in eine gefettete Auflaufform füllen, die Käsesoße darübergießen und mit dem restlichen Käse bestreuen. 30 Min. im Backofen backen.

Buchweizen

Buchweizen wird zwar wie Getreide verarbeitet und verwendet, ist aber eigentlich ein Wiesenkraut. Wie alle Getreidesorten enthält er viele B-Vitamine, Ballaststoffe, Kohlenhydrate und Eiweiß. An den stark Wasser bindenden Ballaststoffen haften sich im Magen angesammelte Schlackestoffe an und können so mit ausgeschieden werden.

Bohnen-Topf

- 300 g frische dicke Bohnen
- 1 Gemüsezwiebel
- 1 Knoblauchzehe
- 2 EL Olivenöl
- ¼ l Gemüsebrühe
- 1 Lorbeerblatt
- 1 Zweig Rosmarin
- 1 Zweig Thymian
- Salz, Pfeffer
- Honig nach Geschmack
- 1 Zitrone
- ½ Tasse schwarze Oliven
- 1 Bund Petersilie

1 Bohnen waschen und abtropfen lassen. Gemüsezwiebel schälen und würfeln, Knoblauchzehe schälen und durch die Presse geben. Knoblauchzehe und Zwiebeln kurz im Öl erhitzen.

2 Dicke Bohnen unterrühren, mit Gemüsebrühe auffüllen. Lorbeerblatt und Kräuterzweige dazugeben und mit Salz, Pfeffer und Honig würzen. Alles bei mäßiger Hitze 30–35 Min. garen.

3 Lorbeerblatt und Kräuterzweige herausnehmen, nochmals mit Salz und Pfeffer kräftig abschmecken und etwas Olivenöl darüberträufeln.

4 Zitrone schälen, in feine Würfel schneiden und mit den Oliven und der fein gehackten Petersilie unter die Bohnen ziehen.

Oliven und Knoblauch

Um den Körper von lästigem Schlacken-Ballast zu befreien, sind Oliven – pur oder in gepreßter Form als wertvolles Olivenöl – und Knoblauch unentbehrliche Helfer. In der Mittelmeer-Küche sind diese beiden Zutaten in beinahe jedem Gericht zu finden. Olivenöl liefert dem Körper hohe Mengen an mehrfach ungesättigten Fettsäuren und Vitaminen.
Knoblauch ist von alters her als Allheilmittel bekannt. Seine ätherischen Öle und weitere Inhaltsstoffe haben eine bakterientötende Wirkung und sind sogar in der Lage, die Blutfettwerte auf ein Normalmaß zu senken.
Sie machen das Blut dünnflüssiger und die Arterien geschmeidiger - wichtige Voraussetzung für einen reibungslosen Abtransport von Schlackestoffen.

Kleine Köstlichkeiten – Fruchtig oder pikant vertreiben sie den kleinen Hunger

Kräuterkekse
mit Tomatendip

Zutaten für etwa 18 Stück:
200 ml Wasser
60 g Butter
120 g kernige Haferflocken
2 Eier
300 g Kartoffeln (gekocht)
Pfeffer, Salz
4 EL gemischte Kräuter
500 ml Tomatensaft
1 Zwiebel, 1 Knoblauchzehe
1 Bund Petersilie
1–2 EL Hefeflocken

1 Wasser und Butter in einem Topf erhitzen. Von der Herdplatte nehmen und nacheinander die Haferflocken und Eier hinzufügen. Mischung wieder erhitzen und solange rühren, bis sich der Teig vom Topfrand löst. Die gehackten Kartoffeln pürieren und hinzufügen. Mit Pfeffer, Salz sowie geh. Kräutern abschmecken. Teig im Kühlschrank ruhen lassen.

2 In der Zwischenzeit den Dip zubereiten: Tomatensaft etwa auf die Hälfte der Ausgangsmenge einkochen lassen. Zwiebel und Knoblauchzehe schälen, fein hacken und hinzufügen. Mit Pfeffer, Salz und Petersilie abschmecken. Hefeflocken einrühren.

3 Backofen auf 200 °C vorheizen. Aus dem Teig kleine, flache Kuchen formen, auf ein gefettetes Backblech legen und auf mittlerer Einschubleiste 10–15 Min. goldbraun backen. Die Kekse noch heiß mit dem Tomatendip servieren.

Tip

Die Kräuterkekse können Sie auch sehr gut Ihren Gästen abends zu einem Glas Wein reichen. Je nach Geschmack kann man während der letzten 5 Min. Backzeit geriebenen Käse darüber streuen. Aber auch mit Sesam- oder Sonnenblumenkörnern bestreut erhalten die Kekse einen pikanten Geschmack.

Kräuterkekse mit Tomatendip
S. 108: Fruchsalat mit Ananas
Rezept S. 125

Mozzarella mit Tomaten

8–10 mittelgroße Tomaten
200 g Mozzarella
Salz, Pfeffer
4 EL Olivenöl
frisches Basilikum

1 Die Tomaten waschen und in Scheiben schneiden. Mozzarella abtropfen lassen und ebenfalls in Scheiben schneiden.

2 Die Tomaten- und Käsescheiben auf einer Platte anordnen. Mit Salz und Pfeffer würzen. Öl darüber träufeln und geh. Basilikum darüber verteilen.

Käse mit frischen Feigen

160 g Emmentaler Käse
160 g Chester Käse
100 g frische Feigen

1 Den Käse würfeln. Die Feigen waschen, wenn nötig häuten und vierteln, unter den Käse mischen.

Gefüllte Tomaten mit feinsauren Bohnen

4 große Tomaten
200 g Bohnen, 2 Zwiebeln
1 EL feingehackte Petersilie
1 Eigelb, 1 Bund Kerbel
2 EL ger. Emmentaler
Salz, Pfeffer, etwas Butter, Essig
Kerbelblätter

1 Deckel von den gewaschenen Tomaten abschneiden, aushöhlen und innen trockentupfen. Die Bohnen putzen und ca. 6. Min. in siedendem Wasser garen. Bohnen (bis auf 2 EL) gehackte Zwiebeln und Petersilie mit dem Pürierstab pürieren. Eigelb und Käse dazugeben, mit Salz, Essig und Pfeffer würzen.

3 Die Tomaten mit der Masse füllen, mit den restlichen ganzen Bohnen und mit Butterflöckchen belegen. Die Deckel wieder aufsetzen.

4 Unter dem Grill oder im vorgeheizten Backofen bei 220 °C überbacken. Mit Kerbelblättern garniert servieren.

Gefüllte Tomaten mit feinsauren Bohnen

Champignons mit kerniger Kräuterfüllung

Für die gefüllten Champignons:

- 16 mittelgroße Champignons
- 1 Zwiebel
- 1 Knoblauchzehe
- 60 g kernige Haferflocken
- 1 EL Sonnenblumenöl
- 3 Tomaten
- 1 rote Paprikaschote
- gemischte Kräuter (z.B. Estragon, Thymian)
- Salz, Pfeffer
- 50 g mittelalter Gouda
- 4 EL Butter

Für den Salat:

- 150 g Feldsalat
- 1 TL Zitronensaft
- 4 EL Pflanzenöl
- 4 EL Weinessig
- 1 EL milder Senf
- 100 ml Gemüsebrühe
- Salz, Pfeffer
- 3 EL gemischte Kräuter

1 Champignons putzen und die Stiele herausdrehen. Champignonstiele, Zwiebel und Knoblauch fein würfeln und mit den Haferflocken in Pflanzenöl andünsten. Tomaten und Paprika waschen, kleinschneiden und untermischen. Die Füllung mit Kräutern, Salz und Pfeffer abschmecken, und die Hälfte des ger. Käses dazugeben.

2 Die Champignonköpfe in eine geölte Auflaufform setzen. Je zwei Teelöffel Füllung in die Champignons geben und mit dem restlichen Käse bestreuen. Die Pilze in den vorgeheizten Ofen geben und bei 200 °C etwa 10 Min. überbacken.

3 Salat gründlich waschen und verlesen, aus den übrigen Zutaten eine Vinaigrette anrühren. Die Champignons noch warm auf dem Salatbett servieren und die Vinaigrette dazu reichen.

Champignons mit kerniger Kräuterfüllung

Sellerie-Möhren-Terrine

- 400 g Möhren
- 350 g Knollensellerie
- Meersalz
- 40 g Pflanzenmargarine
- 2 Eier
- 2 Eigelb
- 100 ml Milch
- schwarzer Pfeffer
- 150 g Sauerrahm
- 2 EL Sauermilch
- 1 EL körniger Senf
- Meersalz
- 1 EL Zitronensaft
- 2 EL Kürbiskerne, sehr fein gehackt
- ca. 10 ganze Kürbiskerne

1 Das Gemüse putzen, waschen, kleinschneiden und jeweils in Salzwasser ca. 10 Min. kochen. Für die Dekoration von den Möhren 10 dünne Scheiben, vom Sellerie 10 kleine Blättchen zurücklassen.

2 Das Gemüse abgießen und mit jeweils 20 g Pflanzenmargarine fein pürieren. Auskühlen lassen.

3 Zehn Auflaufförmchen oder eine kleine Kastenform ausfetten. Jedes Gemüse mit einem Ei, einem Eigelb, 50 ml Milch und dem schwarzen Pfeffer verrühren. Die ausgefetteten Förmchen zur Hälfte mit Möhrenpüree, zur Hälfte mit Selleriepüree füllen.

4 Förmchen in eine mit Wasser gefüllte Saftpfanne setzen und im Backofen bei 150 °C ca. 40–50 Min. stocken lassen.

5 Sauerrahm, Sauermilch und Senf verrühren, mit Meersalz, Pfeffer, Zitronensaft und den kleingehackten Kürbiskernen vermischen und abschmecken.

6 Die Terrine mit den zurückbehaltenen Möhrenscheiben, den Sellerieblättchen und den ganzen Kürbiskernen garnieren. Förmchen stürzen, oder die Terrine aus der Kastenform in Scheiben schneiden. Die Terrine warm oder kalt mit der Soße servieren.

Sellerie-Möhren-Terrine

Spargel mit Kerbelbutter

- 1,5–2 kg Spargel
- Zitronensaft
- 2 Zitronenscheiben
- Salz
- 1–2 l Wasser
- 60 g Butter
- 1 Bund Kerbel

1 Den Spargel waschen und schälen. Die Schalen und holzigen Endstücke in schwach gesalzenem Wasser auskochen und absieben.

2 Die Spargelstücke mit weißem Küchengarn zusammenbinden und mit etwas Zitronensaft und Zitronenscheiben in den Spargelsud geben. Der Sud sollte den Spargel ganz bedecken. 15–20 Min. bei geringer Energiezufuhr bißfest garen.

3 Zwischenzeitlich die Butter cremig schlagen. Den Kerbel mit der Küchenschere feinschneiden und zusammen mit Salz unterrühren. Den Spargel auf eine vorgewärmte Platte geben und sofort mit der Kerbelbutter servieren.

Süß-saure Basilikum-Tomaten

- 750 g feste Tomaten
- 25 g Salz
- 250 g Schalotten oder kleine Zwiebeln
- 2 Bund Basilikum
- ⅛ l Rotweinessig
- ⅛ l Rotwein
- 300 g Zucker

1 Die Tomaten waschen, mehrfach einstechen und mit Salz bestreuen. 24 Std. stehen lassen.

2 Die Schalotten abziehen. Tomaten, Schalotten und Basilikumblätter abwechselnd in ein hohes Gefäß schichten.

3 Essig, Rotwein und Zucker aufkochen und noch heiß über die Tomaten gießen.

4 Das Gefäß verschließen und 6 Wochen ziehen lassen. Die Haltbarkeit beträgt ca. 3 Monate.

Süß-saure Basilikum-Tomaten

Schwarzwurzel-Knäckebrot mit Sesam

3–4 EL Distelöl	
4 TL Essig	
1 Msp. Ingwer	
80 g gekochte Schwarzwurzeln	
4 Scheiben Knäckebrot	
20 g Butter	
1 gekochtes Ei	
2 EL Sauerrahm	
1 EL Cointreau	
1 Msp. ger. Orangenschale	
1 EL geröstete Sesamkörner	

1 Öl, Essig und Ingwer verrühren. Schwarzwurzeln darin 30 Min. marinieren.

2 Abgetropfte Schwarzwurzeln auf das gebutterte Knäckebrot legen.

3 Ei hacken. Mit den restlichen Zutaten vermischen. Auf die Schwarzwurzeln geben. Mit gerösteten Sesamkörnern überstreuen.

Kräuterfrischer Frühjahrsmix

600 ml Kefir	
1 Bund geh. Petersilie	
6 EL Hefeflocken	
Pfeffer, Salz	

1 Kefir zusammen mit der Petersilie in der Küchenmaschine oder mit dem Handrührgerät kräftig durchmixen.

2 Die Hefeflocken einrühren und den Kräuter-Kefir mit Pfeffer sowie Salz abschmecken.

3 Den Frühjahrsmix in vier Gläser füllen und mit etwas Petersilie dekorieren.

Kefir

Kefir wird aus Milch gewonnen, der man Hefepilze und Milchsäurebakterien zusetzt. Durch die Gärung entsteht auch minimal Alkohol, wodurch der frische, leicht säuerliche Geschmack entsteht. Wie alle Milchprodukte ist auch Kefir sehr gut für die Gesunderhaltung der Bakterienflora in Magen und Darm geeignet, unerwünschte Eindringlinge werden unschädlich gemacht – und das bei nur ganz wenig Kalorien.

Kräuterfrischer Frühjahrsmix

Kerniger Apfelschaum

- 4 Äpfel (mittelgroß)
- 2 EL Zitronensaft
- 2 EL Wasser
- 1 Eiweiß
- ½ Pck. Vanillezucker
- 4 EL kernige Haferflocken
- 2 TL Honig
- 2 EL Apfelsaft

1 Äpfel waschen, schälen und entkernen. Mit Zitronensaft sowie Wasser kurz ankochen und pürieren. Für den Apfelschnee Eiweiß mit Vanillezucker steifschlagen und 2 EL vom Apfelpüree unterziehen.

2 Für die Röstflocken die Haferflocken ohne Fett in der Pfanne anrösten. Unter ständigem Rühren Honig sowie den Apfelsaft hinzufügen und abkühlen lassen.

3 Apfelpüree auf vier Dessertschalen verteilen. Apfelschnee daraufgeben und mit Apfel-Röstflocken bestreut servieren.

Erdbeerquark-Dessert

- 250 g Erdbeeren
- 3 EL Milch
- 1 Msp. Vanillearoma
- 2–3 EL Honig
- 250 g Magerquark
- 50 ml Milch
- 1 EL kleingeh. Pistazien
- frische Minzblätter

1 Die Erdbeeren (einige für die Garnitur zurücklassen) mit Milch, Vanille und Honig pürieren.

2 Den Quark, das Erdbeerpüree und die Milch miteinander verrühren.

3 Mit Pistazien und Minzblättern garniert servieren.

Tip

Das Dessert kann auch mit frischen Himbeeren, Brombeeren oder Johanisbeeren zubereitet werden.

Kerniger Apfelschaum

Exotischer Obstsalat

4 frische Feigen
6 Litschis
1 Baby-Ananas
4 Kiwis
1 Karambole
1 Guave
Saft einer Zitrone
1 Prise Zimt
1–2 Spritzer Rum nach Geschmack

1 Früchte schälen, kleinschneiden und mit Orangensaft, Zimt und eventuell Rum anmachen. Vor dem Servieren ca. 15 Min. durchziehen lassen.

Fruchtmix

200 ml Zitronensaft
200 ml Orangensaft
200 ml Aprikosennektar
200 ml Pfirsichnektar
200 ml Mineralwasser
Eiswürfel
einige Melisseblätter

1 Zitronen- und Orangensaft, Aprikosen- und Pfirsichnektar, Mineralwasser und Eiswürfel miteinander mischen. Mit Melissenblättern garniert servieren.

Pfirsich-Vanille-Milch

500 ml Milch
100 ml Mineralwasser
4 Pfirsiche
1 Vanilleschote
8 EL Hefeflocken

1 Milch und Mineralwasser in den Mixer geben. Die Pfirsiche waschen, kleinschneiden und hinzufügen. Vanilleschote der Länge nach halbieren und das Innere zu den anderen Zutaten geben.

2 Pfirsich-Vanille-Milch auf der höchsten Einschaltstufe des Küchengerätes durchmixen. Hefeflocken einrühren und in schönen Gläsern servieren. Eventuell mit Pfirsichspalten oder frischen Minzblättern dekorieren.

Ananas-Traum

600 ml Ananassaft
200 ml frisch gepreßter Zitronensaft
200 ml Mineralwasser mit Kohlensäure
2 EL Honig
Eiswürfel oder zerstoßenes Eis
4 Scheiben Ananas oder ½ Baby-Ananas

1 Ananassaft, Zitronensaft, Mineralwasser und Honig miteinander verquirlen.

2 Die Eiswürfel oder das zerstoßene Eis dazugeben und mit Ananas garniert servieren.

Fruchtsalat mit Ananas

8 Scheiben frische Ananas
2 Grapefruits
4 Äpfel
4 Kiwis
jeweils 100 g Erdbeeren, Himbeeren, schwarze Johannisbeeren, Brombeeren
50 g Weintrauben
3–4 TL Honig
Saft einer Zitrone

1 Die Ananas in Scheiben schneiden, die Augen und den Strunk entfernen. Grapefruits filetieren. Die Äpfel waschen und das Kerngehäuse entfernen. Kiwis schälen. Die Erdbeeren waschen und halbieren. Himbeeren, Johannisbeeren und Brombeeren verlesen. Die Weintrauben waschen. Das angegebene Obst in gleichgroße Stücke schneiden.

2 Den Honig mit dem Zitronensaft verrühren und die Früchte damit beträufeln. Kaltstellen und etwas durchziehen lassen.

Rezept-Register

Sachregister

Bildnachweis

Aok, 20148 Hamburg: S. 13, 33; CMA – Centrale Marketing-Gesellschaft der deutschen Agrarwirtschaft mbH, 53133 Bonn: S. 55, 62, 72, 75, 77, 87, 113, 119; Dole, 20097 Hamburg: S. 47, 108; DWI – Deutsches Weininstitut – Deutscher Weinfonds, 55116 Mainz: S. 10, 26, 28, 31; Helga Lade Fotoagentur, 60314 Frankfurt: S. 12, 14; Georgi, 89129 Langenau: S. 27; IDM – Informationszentrale Deutsches Mineralwasser, 53115 Bonn: S. 29, 34; Köllnflockenwerke Peter Kölln, 25336 Elmshorn: S. 38, 41, 48, 50, 67, 69, 80, 85, 96, 103, 104, 111, 114, 121, 123; neuform Reformhaus KOCHSTUDIO, 55129 Mainz: S. 53, 56, 59, 61, 65, 73, 83, 89, 90, 93, 95, 116; Schnitzer GmbH & Co. KG, 78112 St. Georgen / Schwarzwald: S. 43, 71; Schönheitsfarm Annemarie Börlind, 75385 Bad Teinach: S. 32; Techniker Krankenkasse, 22291 Hamburg: S. 16, 25; The Stock Market, 40221 Düsseldorf: S. 15, 24; Tony Stone, 80469 München: S. 8, 22